DATE DUE

SCRIPTORVM CLASSICORVM
BIBLIOTHECA OXONIENSIS

OXONII

E TYPOGRAPHEO CLARENDONIANO

LIBELLVS DE SVBLIMITATE

DIONYSIO LONGINO

FERE ADSCRIPTVS

RECOGNOVIT BREVIQVE ADNOTATIONE
CRITICA INSTRVXIT

D. A. RUSSELL

COLLEGII DIVI IOHANNIS BAPTISTAE SOCIVS

OXONII
E TYPOGRAPHEO CLARENDONIANO

Oxford University Press, Ely House, London W. 1

GLASGOW NEW YORK TORONTO MELBOURNE WELLINGTON
CAPE TOWN IBADAN NAIROBI DAR ES SALAAM LUSAKA ADDIS ABABA
DELHI BOMBAY CALCUTTA MADRAS KARACHI LAHORE DACCA
KUALA LUMPUR SINGAPORE HONG KONG TOKYO

ISBN 0 19 814566 7

© *Oxford University Press 1968*

First published 1968
Reprinted 1974

Printed in Great Britain
at the University Press, Oxford
by Vivian Ridler
Printer to the University

HOC LIBRO CONTINENTVR

PRAEFATIO

Huius libelli memoria uno fere nititur codice Parisino gr. 2036. Hic decimo saeculo exaratus Aristotelis *Problematis* (ff. 1–178^v) subiungit Διονυσίου Λογγίνου[1] περὶ ὕψους (ff. 178^v–207^v). Ceteri quotquot extant codices a Parisino derivantur, ideoque, nisi coniecturas virorum doctorum saec. xv^{mi} et xvi^{mi} indages, in iis tantum locis inspici debent ubi damna archetypi supplere possunt. Perierunt enim e Parisino:

quaternionis xxiv^{mi} folia interiora duo;
quaternio xxv^{mus} totus;
quaternionis xxvi^{mi} folia interiora duo;
quaternionis xxvii^{mi} folia interiora duo;
quaternionis xxviii^{mi} folia interiora quattuor;
quaternionis xxix^{mi} folia interiora duo;
folium 208.

Vnde factum est ut plus tertia parte libelli amiserimus, et de ratione consilioque auctoris cum in aliis rebus tum in iis quae περὶ τῶν παθῶν se dicturum profitetur (cf. 8. 1, 44. 12) dubitare debeamus. Lacunas itaque invenies in capp. 2. 3, 8. 1, 12. 2, 18. 2, 30. 2, 37; quae in fine libelli perierunt perpauca fuisse constat. At in prima lacuna aliquantum adiuvamur codice Parisino 985 (B) eiusque apographo Vaticano 285 (A), qui praefationem libelli (capp. 1–2) quasi immixtam *Problematis* Aristotelis exhibent, solique nobis tradiderunt 'fragmentum' quod vocatur 'Tollianum' (φύσις . . . θεωρίαν: p. 3, 7–13 huius editionis); in secunda autem pergratum est quod exteriora quaternionis xxv^{mi} folia nondum, ut videtur, e Parisino 2036 exciderant cum

---

[1] At f. 1^v, in indice Problematum, Διονυσίου ἢ Λογγίνου legitur: v. (e.g.) W. Rhys Roberts, *Longinus on the Sublime*, pp. 3 sq., qui etiam imaginem edidit f. 1^v.—De indole codicis consulenda sunt quae C. A. Ruelle editioni *Problematum* Teubnerianae (1922) praefatus est.

codex ille, quicumque fuit,[1] descriptus est ex quo ceteri pendent.

Arturus Prickard, in editione quae in hac Bibliotheca anno 1906 prodiit, Parisini memoriam accurate exhibuit, in coniecturis non modo recipiendis sed etiam commemorandis parcior fuit, optimo tamen in omnibus usus iudicio. Cui ut succedatur, textus quem commentariolo instructum anno MCMLXIV edidi[2] iterum traditur prelo. Is ut in recensione nihil fere his sexaginta annis effectum esse demonstrat, ita correcturae tentamina et liberius commemorat et recipit audacius. Quod autem nonnullis locis emendatior, ut spero, nunc prodit, id maxima ex parte censoribus et amicis debeo. Et in primis gratias ago G. J. de Vries, qui et in *Mnemosyne* (s. iv, xviii. 3, 1965, 225–68) docte et humane de multis locis disseruit et per epistulas privatim multa et perutilia me docuit. Magno quoque mihi usui fuisse grato animo recordor librum doctissimum W. Bühleri: *Beiträge zur Erklärung der Schrift vom Erhabenen*, Gottingae, 1964. His itaque subsidiis usus mendas nonnullas sustuli, iudicium vero raro mutavi; cum enim tot de rebus in diversas sententias distrahar et modo hoc probem, modo illud, tutius videtur vel in priore errore considere quam aut levitate aut novo ineptiarum genere ἀσχημονεῖν.

Benevolentia Delegatorum Preli concessum est ut adderem etiam in fine libri brevem quendam indicem verborum, non qui omnia complecteretur, sed quo varietas certe atque ubertas dictionis auctoris in genere suo eloquentissimi satis clare dispici posset.

---

[1] Ne illud quidem constat, utrum perierit an unus ex exstantibus sit; quam rem et ego et alii editores posteris quaerendam reliquimus. Equidem apographorum solum inspexi Cantabrigiensem (K), unde coniecturas nonnullas deprompsi. Quae in margine eius scribuntur, fortasse multo serioris etiam aetatis sunt quam ipse codex.

[2] '*Longinus*' *On the Sublime*, Oxonii, 1964.

SIGLA

P Parisinus gr. 2036, saec. X.
p eiusdem manus recentior.
A Vaticanus 285, saec. XV–XVI.
B Parisinus 985, saec. XV.
K Cantabrigiensis KK vi. 34: v. Rhys Roberts, *CR* xii (1898) 299 sqq.
Marcianus 522 saec. XV.
Ambrosianus B 144 sup., saec. XV–XVI.
Laurentianus xxviii. 30, saec. XV.
Vaticanus 194, saec. XV–XVI.
Vaticanus 1417, saec. XV–XVI.
Parisinus gr. 2960, a. 1491.
Parisinus gr. 2974, saec. XVI.

apogr. unus vel plures codicum recentiorum.
marg. in margine adscriptum.
Rob. editio Fr. Robortelli, Basileae, 1554.
Man. editio P. Manutii, Venetiis, 1555.

ΠΕΡΙ ΥΨΟΥΣ

Τὸ μὲν τοῦ Καικιλίου συγγραμμάτιον, ὃ περὶ ὕψους συνετάξατο, **1**
ἀνασκοπουμένοις ἡμῖν ὡς οἶσθα κοινῇ, Ποστούμιε Τερεντιανὲ
φίλτατε, ταπεινότερον ἐφάνη τῆς ὅλης ὑποθέσεως καὶ ἥκιστα τῶν
καιρίων ἐφαπτόμενον, οὐ πολλήν τε ὠφέλειαν, ἧς μάλιστα δεῖ
5 στοχάζεσθαι τὸν γράφοντα, περιποιοῦν τοῖς ἐντυγχάνουσιν, εἴγ᾽
ἐπὶ πάσης τεχνολογίας δυεῖν ἀπαιτουμένων, προτέρου μὲν τοῦ
δεῖξαι τί τὸ ὑποκείμενον, δευτέρου δὲ τῇ τάξει, τῇ δυνάμει δὲ
κυριωτέρου, πῶς ἂν ἡμῖν αὐτὸ τοῦτο καὶ δι᾽ ὧν τινων μεθόδων
κτητὸν γένοιτο, ὅμως ὁ Καικίλιος ποῖον μέν τι ὑπάρχει τὸ
10 ὑψηλὸν διὰ μυρίων ὅσων ὡς ἀγνοοῦσι πειρᾶται δεικνύναι, τὸ δὲ
δι᾽ ὅτου τρόπου τὰς ἑαυτῶν φύσεις προάγειν ἰσχύοιμεν ἂν εἰς
ποσὴν μεγέθους ἐπίδοσιν οὐκ οἶδ᾽ ὅπως ὡς οὐκ ἀναγκαῖον παρέ-
λιπεν· πλὴν ἴσως τουτονὶ μὲν τὸν ἄνδρα οὐχ οὕτως αἰτιᾶσθαι τῶν **2**
ἐκλελειμμένων ὡς αὐτῆς τῆς ἐπινοίας καὶ σπουδῆς ἄξιον ἐπαινεῖν.
15 ἐπεὶ δὲ ἐνεκελεύσω καὶ ἡμᾶς τι περὶ ὕψους πάντως εἰς σὴν
ὑπομνηματίσασθαι χάριν, φέρε, εἴ τι δὴ δοκοῦμεν ἀνδράσι πολι-
τικοῖς τεθεωρηκέναι χρήσιμον ἐπισκεψώμεθα. αὐτὸς δ᾽ ἡμῖν,
ἑταῖρε, τὰ ἐπὶ μέρους, ὡς πέφυκας καὶ καθήκει, συνεπικρινεῖς
ἀληθέστατα· εὖ γὰρ δὴ ὁ ἀποφηνάμενος τί θεοῖς ὅμοιον ἔχομεν
20 "εὐεργεσίαν" εἴπας "καὶ ἀλήθειαν." γράφων δὲ πρὸς σέ, **3**
φίλτατε, τὸν παιδείας ἐπιστήμονα, σχεδὸν ἀπήλλαγμαι καὶ τοῦ
διὰ πλειόνων προϋποτίθεσθαι ὡς ἀκρότης καὶ ἐξοχή τις λόγων

20 Arsen. *Viol.*, p. 189: Δημοσθένης ἐρωτηθεὶς τί ἄνθρωπος ἔχει ὅμοιον
θεῷ, ἔφη, Τὸ εὐεργετεῖν καὶ ἀληθεύειν. Cf. Ael. *VH* 12. 59

Tit. Διονυσίου Λογγίνου περὶ ὕψους P : Διονυσίου ἢ Λογγίνου περὶ ὕψους
P in indice (fol. 1ᵛ), etiam A   1 Κεκιλίου ubique P   2 Τερεν-
τιανὲ Man.: Φλωρεντιανὲ P: Μαῦρε Τερεντιανὲ Roberts: Φλ. Τερεντιανὲ
Schurzfleisch : Φλῶρε Τερεντιανὲ Reifferscheid   4 τε] γε Reiske
5 εἴγ᾽ Spengel : εἶτ᾽ P : εἶτ᾽ Man.   10 ὅσων ⟨παραδειγμάτων⟩
Rothstein   18 πέφυκᾶς P : πέφυκε vel -ες apogr.   20 εἴπας]
εἶπε Rob.

ἐστὶ τὰ ὕψη, καὶ ποιητῶν τε οἱ μέγιστοι καὶ συγγραφέων οὐκ
ἄλλοθεν ἢ ἐνθένδε ποθὲν ἐπρώτευσαν καὶ ταῖς ἑαυτῶν περιέβαλον
4 εὐκλείαις τὸν αἰῶνα. οὐ γὰρ εἰς πειθὼ τοὺς ἀκροωμένους ἀλλ'
εἰς ἔκστασιν ἄγει τὰ ὑπερφυᾶ· πάντη δέ γε σὺν ἐκπλήξει τοῦ
πιθανοῦ καὶ τοῦ πρὸς χάριν ἀεὶ κρατεῖ τὸ θαυμάσιον, εἴγε τὸ μὲν 5
πιθανὸν ὡς τὰ πολλὰ ἐφ' ἡμῖν, ταῦτα δὲ δυναστείαν καὶ βίαν
ἄμαχον προσφέροντα παντὸς ἐπάνω τοῦ ἀκροωμένου καθίσταται.
καὶ τὴν μὲν ἐμπειρίαν τῆς εὑρέσεως καὶ τὴν τῶν πραγμάτων
τάξιν καὶ οἰκονομίαν οὐκ ἐξ ἑνὸς οὐδ' ἐκ δνεῖν, ἐκ δὲ τοῦ ὅλου
τῶν λόγων ὕφους μόλις ἐκφαινομένην ὁρῶμεν, ὕψος δέ που 10
καιρίως ἐξενεχθὲν τά τε πράγματα δίκην σκηπτοῦ πάντα διε-
φόρησε καὶ τὴν τοῦ ῥήτορος εὐθὺς ἀθρόαν ἐνεδείξατο δύναμιν.
ταῦτα γὰρ οἶμαι καὶ τὰ παραπλήσια, Τερεντιανὲ ἥδιστε, κἂν
αὐτὸς ἐκ πείρας ὑφηγήσαιο.

2 Ἡμῖν δ' ἐκεῖνο διαπορητέον ἐν ἀρχῇ, εἰ ἔστιν ὕψους τις ἢ 15
βάθους τέχνη, ἐπεί τινες ὅλως οἴονται διηπατῆσθαι τοὺς τὰ
τοιαῦτα ἄγοντας εἰς τεχνικὰ παραγγέλματα. γεννᾶται γάρ, φησί,
τὰ μεγαλοφυῆ καὶ οὐ διδακτὰ παραγίνεται, καὶ μία τέχνη πρὸς
αὐτὰ τὸ πεφυκέναι· χείρω τε τὰ φυσικὰ ἔργα, ὡς οἴονται, καὶ τῷ
παντὶ δειλότερα καθίσταται ταῖς τεχνολογίαις κατασκελετευό- 20
2 μενα. ἐγὼ δὲ ἐλεγχθήσεσθαι τοῦθ' ἑτέρως ἔχον φημί, εἰ ἐπισκέ-
ψαιτό τις ὅτι ἡ φύσις, ὥσπερ τὰ πολλὰ ἐν τοῖς παθητικοῖς καὶ
διηρμένοις αὐτόνομον, οὕτως οὐκ εἰκαῖόν τι κἀκ παντὸς ἀμέθοδον
εἶναι φιλεῖ, καὶ ὅτι αὐτὴ μὲν πρῶτόν τι καὶ ἀρχέτυπον γενέσεως
στοιχεῖον ἐπὶ πάντων ὑφέστηκεν, τὰς δὲ ποσότητας καὶ τὸν 25
ἐφ' ἑκάστου καιρὸν ἔτι δὲ τὴν ἀπλανεστάτην ἄσκησίν τε καὶ
χρῆσιν ἱκανὴ πορίσαι καὶ συνενεγκεῖν ἡ μέθοδος, καὶ ὡς ἐπι-
κινδυνότερα αὐτὰ ἐφ' αὑτῶν δίχα ἐπιστήμης ἀστήρικτα καὶ

1 οὐκ ἄλλοθέν ποθεν ἢ ἐνθένδε ἐπρώτευσαν Weiske   2 περιέβαλον]
περιεβάλοντο Weiske   4 ⟨τὸ⟩ σὺν ἐκπλήξει Langbaine; quod si
acceperis, delendum erit τὸ post κρατεῖ (5)   13 γὰρ] δὲ Faber
16 βάθους] πάθους Upton (?), fortasse recte: βάρους Schmid: μεγέθους
Diels: ἢ βάθους del. Jahn (omiserat in versione Boilavius)   17 φησί]
φασί Man.   24 αὐτὴ scripsi: αὕτη P   27 πορίσαι P marg., apogr. :
παρορίσαι P   27–28 ἐπικινδυνότερα ⟨τὰ πλοῖα⟩ τὰ ἐφ' Tollius

ἀνερμάτιστα ἐαθέντα τὰ μεγάλα, ἐπὶ μόνῃ τῇ φορᾷ καὶ ἀμαθεῖ
τόλμῃ λειπόμενα· δεῖ γὰρ αὐτοῖς ὡς κέντρου πολλάκις οὕτω δὲ
καὶ χαλινοῦ. ὅπερ γὰρ ὁ Δημοσθένης ἐπὶ τοῦ κοινοῦ τῶν ἀνθρώ- 3
πων ἀποφαίνεται βίου, μέγιστον μὲν εἶναι τῶν ἀγαθῶν τὸ εὐτυχεῖν,
5 δεύτερον δὲ καὶ οὐκ ἔλαττον τὸ εὖ βουλεύεσθαι, ὅπερ οἷς ἂν
μὴ παρῇ συναναιρεῖ πάντως καὶ θάτερον, τοῦτ' ἂν καὶ ἐπὶ τῶν
λόγων εἴποιμεν, ὡς ἡ μὲν φύσις τὴν τῆς εὐτυχίας τάξιν ἐπέχει,
ἡ τέχνη δὲ τὴν τῆς εὐβουλίας. τὸ δὲ κυριώτατον, ὅτι καὶ αὐτὸ τὸ
εἶναί τινα τῶν ἐν λόγοις ἐπὶ μόνῃ τῇ φύσει οὐκ ἄλλοθεν ἡμᾶς ἢ
10 παρὰ τῆς τέχνης ἐκμαθεῖν δεῖ. εἰ ταῦθ', ὡς ἔφην, ἐπιλογίσαιτο
καθ' ἑαυτὸν ὁ τοῖς χρηστομαθοῦσιν ἐπιτιμῶν, οὐκ ἂν ἔτι, μοι
δοκῶ, περιττὴν καὶ ἄχρηστον τὴν ἐπὶ τῶν προκειμένων ⟨ἡγή⟩σαιτο
θεωρίαν.

. . . . . .

15   . . καὶ καμίνου σχῶσι μάκιστον σέλας.   3
εἰ γάρ τιν' ἑστιοῦχον ὄψομαι μόνον,
μίαν παρείρας πλεκτάνην χειμάρροον,
στέγην πυρώσω καὶ κατανθρακώσομαι·
νῦν δ' οὐ κέκραγά πω τὸ γενναῖον μέλος.

20 οὐ τραγικὰ ἔτι ταῦτα, ἀλλὰ παρατράγῳδα, αἱ πλεκτάναι, καὶ
τὸ πρὸς οὐρανὸν ἐξεμεῖν, καὶ τὸ τὸν Βορέαν αὐλητὴν ποιεῖν, καὶ
τὰ ἄλλα ἑξῆς· τεθόλωται γὰρ τῇ φράσει καὶ τεθορύβηται ταῖς
φαντασίαις μᾶλλον ἢ δεδείνωται, κἂν ἕκαστον αὐτῶν πρὸς αὐγὰς
ἀνασκοπῇς, ἐκ τοῦ φοβεροῦ κατ' ὀλίγον ὑπονοστεῖ πρὸς τὸ

3 Dem. 23. 113 δυοῖν ἀγαθοῖν ὄντοιν πᾶσιν ἀνθρώποις, τοῦ μὲν ἡγουμένου
καὶ μεγίστου πάντων, τοῦ εὐτυχεῖν, τοῦ δ' ἐλάττονος . . . τοῦ καλῶς βουλεύ-
εσθαι. Cf. etiam [Isocr.] 1. 34   15 Aesch. fr. 281 Nauck²

1 μεγάλα] μεγαλοφυᾶ Wilamowitz   2 δὲ] δὴ Rob.   4 inter ἀγαθῶν
et ἐντυχεῖν (sic) locum ex Arist. Problem. 879ᵃ27–ᵇ35 inserunt AB   7–
13 post ἡ μὲν desunt in P duo folia: φύσις . . . θεωρίαν in solis AB
servantur   8 ὅτι Pearce: τε AB   11–12 μοιδοκῶ AB: ἐμοὶ δοκεῖ
Spengel   12 ⟨ἡγή⟩σαιτο Boivin: . . . σαιτο B: κομίσαιτο.A   15 ⟨ἦν⟩
καὶ vel similia edd. Sed ipsum καί dubium   16 τιν'] τὸν Toup   μόνον]
δόμων Dobre   ' 24 ἀντὶ τοῦ χωρισθῆναι δυνήσεταί σοι, P marg. (vocis
ὑπονοστεῖ interpretatio)

εὐκαταφρόνητον. ὅπου δ' ἐν τραγῳδίᾳ, πράγματι ὀγκηρῷ φύσει
καὶ ἐπιδεχομένῳ στόμφον, ὅμως τὸ παρὰ μέλος οἰδεῖν ἀσύγ-
2 γνωστον, σχολῇ γ' ἂν οἶμαι λόγοις ἀληθινοῖς ἁρμόσειεν. ταύτῃ
καὶ τὰ τοῦ Λεοντίνου Γοργίου γελᾶται γράφοντος "Ξέρξης ὁ
τῶν Περσῶν Ζεύς," καὶ "γῦπες ἔμψυχοι τάφοι," καί τινα τῶν 5
Καλλισθένους ὄντα οὐχ ὑψηλά, ἀλλὰ μετέωρα, καὶ ἔτι μᾶλλον τὰ
Κλειτάρχου· φλοιώδης γὰρ ἀνὴρ καὶ φυσῶν κατὰ τὸν Σοφοκλέα
          μικροῖς μὲν αὐλίσκοισι, φορβειᾶς δ' ἄτερ.
τά γε μὴν Ἀμφικράτους τοιαῦτα καὶ Ἡγησίου καὶ Μάτριδος·
πολλαχοῦ γὰρ ἐνθουσιᾶν ἑαυτοῖς δοκοῦντες οὐ βακχεύουσιν, ἀλλὰ 10
3 παίζουσιν. ὅλως δ' ἔοικεν εἶναι τὸ οἰδεῖν ἐν τοῖς μάλιστα
δυσφυλακτότατον. φύσει γὰρ ἅπαντες οἱ μεγέθους ἐφιέμενοι,
φεύγοντες ἀσθενείας καὶ ξηρότητος κατάγνωσιν, οὐκ οἶδ' ὅπως
ἐπὶ τοῦθ' ὑποφέρονται, πειθόμενοι τῷ "μεγάλων ἀπολισθαίνειν
4 ὅμως εὐγενὲς ἁμάρτημα". κακοὶ δὲ ὄγκοι καὶ ἐπὶ σωμάτων καὶ 15
λόγων οἱ χαῦνοι καὶ ἀναλήθεις καὶ μήποτε περιστάντες ἡμᾶς
εἰς τοὐναντίον· οὐδὲν γάρ φασι ξηρότερον ὑδρωπικοῦ. ἀλλὰ τὸ
μὲν οἰδοῦν ὑπεραίρειν βούλεται τὰ ὕψη, τὸ δὲ μειρακιῶδες ἄντι-
κρυς ὑπεναντίον τοῖς μεγέθεσι· ταπεινὸν γὰρ ἐξ ὅλου καὶ μικρό-
ψυχον καὶ τῷ ὄντι κακὸν ἀγεννέστατον. τί ποτ' οὖν τὸ μειρακιῶδές 20
ἐστιν; ἢ δῆλον ὡς σχολαστικὴ νόησις, ὑπὸ περιεργασίας λήγουσα
εἰς ψυχρότητα; ὀλισθαίνουσι δ' εἰς τοῦτο τὸ γένος ὀρεγόμενοι
μὲν τοῦ περιττοῦ καὶ πεποιημένου καὶ μάλιστα τοῦ ἡδέος, ἐξ-
5 οκέλλοντες δὲ εἰς τὸ ῥωπικὸν καὶ κακόζηλον. τούτῳ παράκειται
τρίτον τι κακίας εἶδος ἐν τοῖς παθητικοῖς, ὅπερ ὁ Θεόδωρος 25
παρένθυρσον ἐκάλει. ἔστι δὲ πάθος ἄκαιρον καὶ κενὸν ἔνθα μὴ

---

4 Gorgias B 5a D–K   7–8 Soph. fr. 701 Nauck²

7 ἀνὴρ] ἀνὴρ Man.   14 μεγάλων Columbus: μεγάλω P: μεγάλως
Man.   ἀπολισθάνειν Ruhnken   16 ⟨ἐπὶ⟩ λόγων Wilamowitz
οἱ . . . ἀναλήθεις del. Vaucher   καὶ² fort. secludendum   περιστάντες
apogr.: . . . ιστάντες P   23 ἐξοκέλλοντες Wilamowitz: ἐποκέλλοντες
P   24 ῥωπικὸν I. Vossius: ῥοπικὸν P: τροπικὸν apogr.   26 ἄκαιρον
καὶ del. Weiske   καὶ κενὸν] καὶ ἐνὸν Vahlen: κείμενον Wilamowitz

δεῖ πάθους, ἢ ἄμετρον ἔνθα μετρίου δεῖ. πολλὰ γὰρ ὥσπερ ἐκ
μέθης τινὲς εἰς τὰ μηκέτι τοῦ πράγματος ἴδια ⟨δ'⟩ ἑαυτῶν καὶ
σχολικὰ παραφέρονται πάθη, εἶτα πρὸς οὐδὲν πεπονθότας ἀκροα-
τὰς ἀσχημονοῦσιν εἰκότως, ἐξεστηκότες πρὸς οὐκ ἐξεστηκότας·
5 πλὴν περὶ μὲν τῶν παθητικῶν ἄλλος ἡμῖν ἀπόκειται τόπος.

Θατέρου δὲ ὧν εἴπομεν, λέγω δὲ τοῦ ψυχροῦ, πλήρης ὁ Τίμαιος, 4
ἀνὴρ τὰ μὲν ἄλλα ἱκανὸς καὶ πρὸς λόγων ἐνίοτε μέγεθος οὐκ
ἄφορος, πολυΐστωρ, ἐπινοητικός, πλὴν ἀλλοτρίων μὲν ἐλεγκτικώ-
τατος ἁμαρτημάτων ἀνεπαίσθητος δὲ ἰδίων, ὑπὸ δὲ ἔρωτος τοῦ
10 ξένας νοήσεις ἀεὶ κινεῖν πολλάκις ἐκπίπτων εἰς τὸ παιδαριω-
δέστατον. παραθήσομαι δὲ τἀνδρὸς ἓν ἢ δύο, ἐπειδὴ τὰ πλείω 2
προέλαβεν ὁ Καικίλιος. ἐπαινῶν Ἀλέξανδρον τὸν μέγαν, "ὃς
τὴν Ἀσίαν ὅλην" φησίν "ἐν ἐλάττοσι⟨ν ἔτεσι⟩ παρέλαβεν ἢ
ὅσοις τὸν ὑπὲρ τοῦ πρὸς Πέρσας πολέμου πανηγυρικὸν λόγον
15 Ἰσοκράτης ἔγραψεν." θαυμαστή γε τοῦ Μακεδόνος ἡ πρὸς τὸν
σοφιστὴν σύγκρισις· δῆλον γάρ, ὦ Τίμαιε, ὡς οἱ Λακεδαιμόνιοι
διὰ τοῦτο πολὺ τοῦ Ἰσοκράτους κατ' ἀνδρείαν ἐλείποντο, ἐπειδὴ
οἱ μὲν ⟨ἐν⟩ τριάκοντα ἔτεσι Μεσσήνην παρέλαβον, ὁ δὲ τὸν
πανηγυρικὸν ἐν μόνοις δέκα συνετάξατο. τοῖς δὲ Ἀθηναίοις 3
20 ἁλοῦσι περὶ Σικελίαν τίνα τρόπον ἐπιφωνεῖ; ὅτι "εἰς τὸν Ἑρμῆν
ἀσεβήσαντες καὶ περικόψαντες αὐτοῦ τὰ ἀγάλματα, διὰ τοῦτ'
ἔδωκαν δίκην, οὐχ ἥκιστα δι' ἕνα ἄνδρα, ὃς ἀπὸ τοῦ παρα-
νομηθέντος διὰ πατέρων ἦν, Ἑρμοκράτη τὸν Ἕρμωνος". ὥστε
θαυμάζειν με, Τερεντιανὲ ἥδιστε, πῶς οὐ καὶ εἰς Διονύσιον
25 γράφει τὸν τύραννον· "ἐπεὶ γὰρ εἰς τὸν Δία καὶ τὸν Ἡρακλέα
δυσσεβὴς ἐγένετο, διὰ τοῦτ' αὐτὸν Δίων καὶ Ἡρακλείδης τῆς
τυραννίδος ἀφείλοντο." ⟨καὶ⟩ τί δεῖ περὶ Τιμαίου λέγειν, ὅπου 4
γε καὶ οἱ ἥρωες ἐκεῖνοι, Ξενοφῶντα λέγω καὶ Πλάτωνα, καί-
τοιγε ἐκ τῆς Σωκράτους ὄντες παλαίστρας, ὅμως διὰ τὰ οὕτως

6 Timaeus T 23 FGrHist 566　　12 ibid. F 139　　20 ibid. F 102a

2 ⟨δ'⟩ add. Faber　　13 ἐλάττοσι⟨ν ἔτεσι⟩ Spengel　　18 μὲν
⟨ἐν⟩ Cobet　　τριάκοντα] εἴκοσι Faber　　23 ἦν Man.: ἂν P
27 ⟨καὶ⟩ τί δεῖ Toup: τί ⟨δὲ⟩ δεῖ Schurzfleisch: ⟨καίτοι⟩ τί δεῖ Man.

μικροχαρῆ ποτε ἑαυτῶν ἐπιλανθάνονται; ὁ μέν γε ἐν τῇ Λακεδαι-
μονίων γράφει πολιτείᾳ· "ἐκείνων [μὲν] γοῦν ἧττον μὲν ἂν φωνὴν
ἀκούσαις ἢ τῶν λιθίνων, ἧττον δ' ἂν ὄμματα στρέψαις ἢ τῶν
χαλκῶν, αἰδημονεστέρους δ' ἂν αὐτοὺς ἡγήσαιο καὶ αὐτῶν τῶν
ἐν τοῖς ὀφθαλμοῖς παρθένων." Ἀμφικράτει καὶ οὐ Ξενοφῶντι 5
ἔπρεπε τὰς ἐν τοῖς ὀφθαλμοῖς ἡμῶν κόρας λέγειν παρθένους
αἰδήμονας· οἷον δὲ Ἡράκλεις τὸ τὰς ἀπάντων ἑξῆς κόρας
αἰσχυντηλὰς εἶναι πεπεῖσθαι, ὅπου φασὶν οὐδενὶ οὕτως ἐνσημαί-
νεσθαι τήν τινων ἀναίδειαν ὡς ἐν τοῖς ὀφθαλμοῖς, ⟨ὡς καὶ ὁ
Ἀχιλλεὺς τοῦ Ἀγαμέμνονος ὀνειδίζων τὸ ἐν τοῖς ὀφθαλμοῖς⟩ 10
5 ἰταμὸν "οἰνοβαρές, κυνὸς ὄμματ' ἔχων" φησίν. ὁ μέντοι Τίμαιος,
ὡς φωρίου τινὸς ἐφαπτόμενος, οὐδὲ τοῦτο Ξενοφῶντι τὸ ψυχρὸν
κατέλιπεν. φησὶ γοῦν ἐπὶ τοῦ Ἀγαθοκλέους †καὶ τὸ† τὴν ἀνεψιὰν
ἑτέρῳ δεδομένην ἐκ τῶν ἀνακαλυπτηρίων ἁρπάσαντα ἀπελθεῖν·
"ὃ τίς ἂν ἐποίησεν ἐν ὀφθαλμοῖς κόρας, μὴ πόρνας ἔχων;" τί 15
6 δέ; ὁ τἆλλα θεῖος Πλάτων τὰς δέλτους θέλων εἰπεῖν "γράψαντες"
φησίν "ἐν τοῖς ἱεροῖς θήσουσι κυπαριττίνας μνήμας". καὶ πάλιν
"περὶ δὲ τειχῶν, ὦ Μέγιλλε, ἐγὼ ξυμφεροίμην ἂν τῇ Σπάρτῃ
τὸ καθεύδειν ἐᾶν ἐν τῇ γῇ κατακείμενα τὰ τείχη καὶ μὴ ἐπαν-
7 ίστασθαι". καὶ τὸ Ἡροδότειον οὐ πόρρω, τὸ φάναι τὰς καλὰς 20
γυναῖκας "ἀλγηδόνας ὀφθαλμῶν." καίτοιγε ἔχει τινὰ παραμυ-
θίαν, οἱ γὰρ παρ' αὐτῷ ταυτὶ λέγοντές εἰσι[ν οἱ] βάρβαροι καὶ ἐν

2 Xen. Resp. Lac. 3. 5   11 Hom. A 225   11 sqq. Timaeus,
F 122 FGrHist 566   16 sqq. Pl. Leges 741C: γράψαντες δ' ἐν τοῖς ἱεροῖς
θήσουσι κυπαριττίνας μνήμας εἰς τὸν ἔπειτα χρόνον καταγεγραμμένας : ibid.
778D : περὶ δὲ τειχῶν, ὦ Μέγιλλε, ἔγωγ' ἂν τῇ Σπάρτῃ συμφεροίμην τὸ καθ-
εύδειν ἐᾶν ἐν τῇ γῇ κατακείμενα τὰ τείχη καὶ μὴ ἐπανιστάναι   20 Her. 5. 18.

2 [μὲν] om. codd. Xen., Stob. Ecl. 4. 2. 23 (iv, p. 145 Hense)
3 στρέψαις] μεταστρέψαις codd. Xen.   5 ὀφθαλμοῖς etiam Stob.
l.c.: θαλάμοις codd. Xen.   7 αἰδήμονας del. Wilamowitz
8 οὐδενὶ] οὐδὲν Immisch   9–10 ⟨ὡς καὶ . . . ὀφθαλμοῖς⟩ ex. gr. sup-
plevi : similia Cobet, Rothstein   11 ἰταμόν . . . φησίν del. Kayser:
ὡς ⟨τὸ⟩ ἐν τοῖς ὀφθαλμοῖς ἰταμόν· Immisch   12 φωρίου] φὼρ ἰοῦ Rohde :
φωτίου Meerwaldt   13 †καὶ τὸ†] κατὰ τὸ vel καὶ τοῦ Reiske : plura
deesse crediderim   22 [οἱ] secl. Wilamowitz

μέθη, ἀλλ' οὐδ' ἐκ τοιούτων προσώπων διὰ μικροψυχίαν καλὸν
ἀσχημονεῖν πρὸς τὸν αἰῶνα.

Ἅπαντα μέντοι τὰ οὕτως ἄσεμνα διὰ μίαν ἐμφύεται τοῖς 5
λόγοις αἰτίαν, διὰ τὸ περὶ τὰς νοήσεις καινόσπουδον, περὶ ὃ δὴ
5 μάλιστα κορυβαντιῶσιν οἱ νῦν· ἀφ' ὧν γὰρ ἡμῖν τἀγαθά, σχεδὸν
ἀπ' αὐτῶν τούτων καὶ τὰ κακὰ γεννᾶσθαι φιλεῖ. ὅθεν, ἐπεὶ φορὸν
εἰς συνταγμάτων κατόρθωσιν τά τε κάλλη τῆς ἑρμηνείας καὶ τὰ
ὕψη καὶ πρὸς τούτοις αἱ ἡδοναί, καὶ αὐτὰ ταῦτα, καθάπερ τῆς
ἐπιτυχίας, οὕτως ἀρχαὶ καὶ ὑποθέσεις καὶ τῶν ἐναντίων καθί-
10 στανται. τοιοῦτόν πως καὶ αἱ μεταβολαὶ καὶ ὑπερβολαὶ καὶ τὰ
πληθυντικά· δείξομεν δ' ἐν τοῖς ἔπειτα τὸν κίνδυνον, ὃν ἔχειν
ἐοίκασι. διόπερ ἀναγκαῖον ἤδη διαπορεῖν καὶ ὑποτίθεσθαι δι'
ὅτου τρόπου τὰς ἀνακεκραμένας κακίας τοῖς ὑψηλοῖς ἐκφεύγειν
δυνάμεθα. ἔστι δέ, ὦ φίλος, εἴ τινα περιποιησαίμεθ' ἐν πρώτοις 6
15 καθαρὰν τοῦ κατ' ἀλήθειαν ὕψους ἐπιστήμην καὶ ἐπίκρισιν. καίτοι
τὸ πρᾶγμα δύσληπτον· ἡ γὰρ τῶν λόγων κρίσις πολλῆς ἐστι
πείρας τελευταῖον ἐπιγέννημα· οὐ μὴν ἀλλ', ὡς εἰπεῖν ἐν παραγ-
γέλματι, ἐντεῦθέν ποθεν ἴσως τὴν διάγνωσιν αὐτῶν οὐκ ἀδύνατον
πορίζεσθαι.

20 Εἰδέναι χρή, φίλτατε, διότι, καθάπερ κἂν τῷ κοινῷ βίῳ οὐδὲν 7
ὑπάρχει μέγα οὗ τὸ καταφρονεῖν ἐστι μέγα, οἷον πλοῦτοι τιμαὶ
δόξαι τυραννίδες καὶ ὅσα δὴ ἄλλα ἔχει πολὺ τὸ ἔξωθεν προστραγῳ-
δούμενον οὐκ ἂν τῷ γε φρονίμῳ δόξειεν ἀγαθὰ ὑπερβάλλοντα ὧν
αὐτὸ τὸ περιφρονεῖν ἀγαθὸν οὐ μέτριον—θαυμάζουσι γοῦν τῶν
25 ἐχόντων αὐτὰ μᾶλλον τοὺς δυναμένους ἔχειν καὶ διὰ μεγαλοψυχίαν
ὑπερορῶντας—τῇδέ που καὶ ἐπὶ τῶν διηρμένων ἐν ποιήμασι καὶ
λόγοις ἐπισκεπτέον, μή τινα μεγέθους φαντασίαν ἔχοι τοιαύτην,
ᾗ πολὺ πρόσκειται τὸ εἰκῇ προσαναπλαττόμενον, ἀναπυττόμενα
δὲ ἄλλως εὑρίσκοιτο χαῦνα, ὧν τοῦ θαυμάζειν τὸ περιφρονεῖν
30 εὐγενέστερον. φύσει γάρ πως ὑπὸ τἀληθοῦς ὕψους ἐπαίρεταί τε 2
ἡμῶν ἡ ψυχὴ καὶ γαῦρόν τι ἀνάστημα λαμβάνουσα πληροῦται

4 καινόσπουδον] κενόσπουδον Vaucher   6 ἐπεὶ φορὸν von Arnim:
ἐπίφορον P   8 καὶ post ἡδοναὶ del. von Arnim   10 ⟨αἱ⟩
ὑπερβολαὶ Man.   31 ἀνάστημα apogr.: ἀνάθημα P: παράστημα Man.

3 χαρᾶς καὶ μεγαλαυχίας, ὡς αὐτὴ γεννήσασα ὅπερ ἤκουσεν. ὅταν
οὖν ὑπ' ἀνδρὸς ἔμφρονος καὶ ἐμπείρου λόγων πολλάκις ἀκουό-
μενόν τι πρὸς μεγαλοφροσύνην τὴν ψυχὴν μὴ συνδιατιθῇ μηδ'
ἐγκαταλείπῃ τῇ διανοίᾳ πλεῖον τοῦ λεγομένου τὸ ἀναθεωρούμενον,
πίπτῃ δέ, ἂν αὐτὸ συνεχὲς ἐπισκοπῇς, εἰς ἀπαύξησιν, οὐκ ἂν ἔτ' 5
ἀληθὲς ὕψος εἴη μέχρι μόνης τῆς ἀκοῆς σῳζόμενον. τοῦτο γὰρ
τῷ ὄντι μέγα, οὗ πολλὴ μὲν ἡ ἀναθεώρησις, δύσκολος δὲ μᾶλλον
δ' ἀδύνατος ἡ κατεξανάστασις, ἰσχυρὰ δὲ ἡ μνήμη καὶ δυσεξάλει-
4 πτος. ὅλως δὲ καλὰ νόμιζε ὕψη καὶ ἀληθινὰ τὰ διὰ παντὸς ἀρέ-
σκοντα καὶ πᾶσιν. ὅταν γὰρ τοῖς ἀπὸ διαφόρων ἐπιτηδευμάτων 10
βίων ζήλων ἡλικιῶν λόγων ἕν τι καὶ ταὐτὸν ἅμα περὶ τῶν αὐτῶν
ἅπασι δοκῇ, τόθ' ἡ ἐξ ἀσυμφώνων ὡς κρίσις καὶ συγκατάθεσις τὴν
ἐπὶ τῷ θαυμαζομένῳ πίστιν ἰσχυρὰν λαμβάνει καὶ ἀναμφίλεκτον.

8 Ἐπεὶ δὲ πέντε, ὡς ἂν εἴποι τις, πηγαί τινές εἰσιν αἱ τῆς
ὑψηγορίας γονιμώταται, προϋποκειμένης ὥσπερ ἐδάφους τινὸς 15
κοινοῦ ταῖς πέντε ταύταις ἰδέαις τῆς ἐν τῷ λέγειν δυνάμεως, ἧς
ὅλως χωρὶς οὐδέν, πρῶτον μὲν καὶ κράτιστον τὸ περὶ τὰς νοήσεις
ἁδρεπήβολον, ὡς κἀν τοῖς περὶ Ξενοφῶντος ὡρισάμεθα· δεύτερον
δὲ τὸ σφοδρὸν καὶ ἐνθουσιαστικὸν πάθος· ἀλλ' αἱ μὲν δύο αὗται
τοῦ ὕψους κατὰ τὸ πλέον αὐθιγενεῖς συστάσεις, αἱ λοιπαὶ δ' 20
ἤδη καὶ διὰ τέχνης, ἥ τε ποιὰ τῶν σχημάτων πλάσις (δισσὰ δέ
που ταῦτα, τὰ μὲν νοήσεως, θάτερα δὲ λέξεως), ἐπὶ δὲ τούτοις ἡ
γενναία φράσις, ἧς μέρη πάλιν ὀνομάτων τε ἐκλογὴ καὶ ἡ τροπικὴ
καὶ πεποιημένη λέξις· πέμπτη δὲ μεγέθους αἰτία καὶ συγκλείουσα
τὰ πρὸ αὐτῆς ἅπαντα, ἡ ἐν ἀξιώματι καὶ διάρσει σύνθεσις· φέρε 25
δὴ τὰ ἐμπεριεχόμενα καθ' ἑκάστην ἰδέαν τούτων ἐπισκεψώμεθα,
τοσοῦτον προειπόντες, ὅτι τῶν πέντε μορίων ὁ Καικίλιος ἔστιν

5 ἂν αὐτὸ Pearce: ἄνευ τὸ P: ἂν τὸ apogr.: ἂν εὖ τὸ Reiske   συνεχὲς]
συνεχῶς Wakefield: ἂν κατὰ τὸ συνεχὲς Wilamowitz   ἀπαύξ.] an
ἀπαξίωσιν?   11 λόγων suspectum: χρόνων Richards: τρόπων
Morus   12 κρίσις] κρᾶσις Pearce   18 ὡς κἀν . . . ἐν δὲ φάει καὶ
ὄλεσσον (9. 10 = p. 12, 10) desunt in P, octo foliis deperditis: ὡς κἀν . . .
ἠρκέσθην et τὸ ἐπ' οὐρανὸν . . . ὀφθαλμοῖσιν ἰδέσθαι servant apographa,
duobus scilicet exterioribus quaternionis foliis nondum amissis descripta
27 πέντε del. Immisch

ἃ παρέλιπεν, ὡς καὶ τὸ πάθος ἀμέλει. ἀλλ' εἰ μὲν ὡς ἕν τι ταῦτ' 2
ἄμφω, τό τε ὕψος καὶ τὸ παθητικόν, [καὶ] ἔδοξεν αὐτῷ πάντη
συνυπάρχειν τε ἀλλήλοις καὶ συμπεφυκέναι, διαμαρτάνει· καὶ γὰρ
πάθη τινὰ διεστῶτα ὕψους καὶ ταπεινὰ εὑρίσκεται, καθάπερ
5 οἶκτοι λῦπαι φόβοι, καὶ ἔμπαλιν πολλὰ ὕψη δίχα πάθους, ὡς πρὸς
μυρίοις ἄλλοις καὶ τὰ περὶ τοὺς Ἀλωάδας τῷ ποιητῇ παρατετολ-
μημένα,

"Οσσαν ἐπ' Οὐλύμπῳ μέμασαν θέμεν· αὐτὰρ ἐπ' "Οσσῃ
Πήλιον εἰνοσίφυλλον, ἵν' οὐρανὸς ἄμβατος εἴη·
10 καὶ τὸ τούτοις ἔτι μεῖζον ἐπιφερόμενον,

καί νύ κεν ἐξετέλεσσαν.

παρά γε μὴν τοῖς ῥήτορσι τὰ ἐγκώμια καὶ τὰ πομπικὰ καὶ 3
ἐπιδεικτικὰ τὸν μὲν ὄγκον καὶ τὸ ὑψηλὸν ἐξ ἅπαντος περιέχει,
πάθους δὲ χηρεύει κατὰ τὸ πλεῖστον, ὅθεν ἥκιστα τῶν ῥητόρων
15 οἱ περιπαθεῖς ἐγκωμιαστικοὶ ἢ ἔμπαλιν οἱ ἐπαινετικοὶ περι-
παθεῖς. εἰ δ' αὖ πάλιν ἐξ ὅλου μὴ ἐνόμισεν ὁ Καικίλιος τὸ 4
ἐμπαθὲς ⟨εἰς⟩ τὰ ὕψη ποτὲ συντελεῖν καὶ διὰ τοῦτ' οὐχ ἡγήσατο
μνήμης ἄξιον, πάνυ διηπάτηται· θαρρῶν γὰρ ἀφορισαίμην ἂν
ὡς οὐδὲν οὕτως ὡς τὸ γενναῖον πάθος, ἔνθα χρή, μεγαλήγορον,
20 ὥσπερ ὑπὸ μανίας τινὸς καὶ πνεύματος ἐνθουσιαστικῶς ἐπιπνέον
καὶ οἱονεὶ φοιβάζον τοὺς λόγους.

Οὐ μὴν ἀλλ' ἐπεὶ τὴν κρατίστην μοῖραν ἐπέχει τῶν ἄλλων τὸ 9
πρῶτον, λέγω δὲ τὸ μεγαλοφυές, χρὴ κἀνταῦθα, καὶ εἰ δωρητὸν
τὸ πρᾶγμα μᾶλλον ἢ κτητόν, ὅμως καθ' ὅσον οἷόν τε τὰς ψυχὰς
25 ἀνατρέφειν πρὸς τὰ μεγέθη καὶ ὥσπερ ἐγκύμονας ἀεὶ ποιεῖν
γενναίου παραστήματος. τίνα, φήσεις, τρόπον; γέγραφά που 2
καὶ ἑτέρωθι τὸ τοιοῦτον· ὕψος μεγαλοφροσύνης ἀπήχημα. ὅθεν
καὶ φωνῆς δίχα θαυμάζεταί ποτε ψιλὴ καθ' ἑαυτὴν ἡ ἔννοια

8–11 Hom. λ 315–17

1 ὡς ἕν τι] ἤνωσέν τι van Groningen　　2 [καὶ] secl. Pearce
17 ⟨εἰς⟩ add. Faber (ἐς)　　20 ἐνθουσιαστικῶς] ἐνθουσιαστικοῦ Faber
ἐκπνέον P: corr. Morus　　26 φήσεις Vaticani 194 et 1417: φήσει vel
φήσει τις cett.　　27 an ἑτέρωθί τι?

δι' αὐτὸ τὸ μεγαλόφρον, ὡς ἡ τοῦ Αἴαντος ἐν Νεκυίᾳ σιωπὴ
3 μέγα καὶ παντὸς ὑψηλότερον λόγου. πρῶτον οὖν τὸ ἐξ οὗ γίνεται
προϋποτίθεσθαι πάντως ἀναγκαῖον, ὡς ἔχειν δεῖ τὸν ἀληθῆ
ῥήτορα μὴ ταπεινὸν φρόνημα καὶ ἀγεννές. οὐδὲ γὰρ οἷόν τε
μικρὰ καὶ δουλοπρεπῆ φρονοῦντας καὶ ἐπιτηδεύοντας παρ' ὅλον 5
τὸν βίον θαυμαστόν τι καὶ τοῦ παντὸς αἰῶνος ἐξενεγκεῖν ἄξιον·
μεγάλοι δὲ οἱ λόγοι τούτων, κατὰ τὸ εἰκός, ὧν ἂν ἐμβριθεῖς
4 ὦσιν αἱ ἔννοιαι. ταύτῃ καὶ εἰς τοὺς μάλιστα φρονηματίας
ἐμπίπτει τὰ ὑπερφυᾶ· ὁ γὰρ τῷ Παρμενίωνι φήσαντι "ἐγὼ μὲν
ἠρκέσθην . . .   10

.   .   .   .

. . . τὸ ἐπ' οὐρανὸν ἀπὸ γῆς διάστημα· καὶ τοῦτ' ἂν εἴποι τις οὐ
5 μᾶλλον τῆς Ἔριδος ἢ Ὁμήρου μέτρον. ᾧ ἀνόμοιόν γε τὸ Ἡσι-
όδειον ἐπὶ τῆς Ἀχλύος, εἴγε Ἡσιόδου καὶ τὴν Ἀσπίδα θετέον·

τῆς ἐκ μὲν ῥινῶν μύξαι ῥέον·   15

οὐ γὰρ δεινὸν ἐποίησε τὸ εἴδωλον, ἀλλὰ μισητόν. ὁ δὲ πῶς μεγε-
θύνει τὰ δαιμόνια;

ὅσσον δ' ἠεροειδὲς ἀνὴρ ἴδεν ὀφθαλμοῖσιν,
ἥμενος ἐν σκοπιῇ, λεύσσων ἐπὶ οἴνοπα πόντον,
τόσσον ἐπιθρώσκουσι θεῶν ὑψηχέες ἵπποι.   20

τὴν ὁρμὴν αὐτῶν κοσμικῷ διαστήματι καταμετρεῖ. τίς οὖν οὐκ
ἂν εἰκότως διὰ τὴν ὑπερβολὴν τοῦ μεγέθους ἐπιφθέγξαιτο, ὅτι
ἂν δὶς ἑξῆς ἐφορμήσωσιν οἱ τῶν θεῶν ἵπποι, οὐκέθ' εὑρήσουσιν ἐν
6 κόσμῳ τόπον; ὑπερφυᾶ καὶ τὰ ἐπὶ τῆς θεομαχίας φαντάσματα·

ἀμφὶ δ' ἐσάλπιγξεν μέγας οὐρανὸς Οὔλυμπός τε.   25

1 Hom. λ 563   9 v. Arrian. Anab. 2. 25. 2, Plu. Alex. 29, Diod.
17. 54. 4   11 Hom. Δ 442: ἦ τ' ὀλίγη μὲν πρῶτα κορύσσεται, αὐτὰρ
ἔπειτα οὐρανῷ ἐστήριξε κάρη καὶ ἐπὶ χθονὶ βαίνει   15 Hes. Scutum 267
18–20 Hom. E 770–2

12 εἴποι Man.: εἰπεῖν codd.   20 ὑψηχέες] ὑψαύχενες K marg., Man.
23–24 ἐν ⟨τῷ⟩ κόσμῳ 'vel potius ὑπὸ κόσμῳ' Photiades   24 καὶ τὰ
Man.: codicum alii καὶ, alii τὰ   25 Οὔλυμπός τε del. Immisch
⟨καὶ⟩ inter primum et secundum versuum Homericorum add. K supra
lineam, Portus, Immisch

ἔδδεισεν δ' ὑπένερθεν ἄναξ ἐνέρων Ἀιδωνεύς,
δείσας δ' ἐκ θρόνου ἆλτο καὶ ἴαχε, μή οἱ ἔπειτα
γαῖαν ἀναρρήξειε Ποσειδάων ἐνοσίχθων,
οἰκία δὲ θνητοῖσι καὶ ἀθανάτοισι φανείη
σμερδαλέ' εὐρώεντα, τά τε στυγέουσι θεοί περ.

ἐπιβλέπεις, ἑταῖρε, ὡς ἀναρρηγνυμένης μὲν ἐκ βάθρων γῆς,
αὐτοῦ δὲ γυμνουμένου ταρτάρου, ἀνατροπὴν δὲ ὅλου καὶ διάστασιν
τοῦ κόσμου λαμβάνοντος, πάνθ' ἅμα, οὐρανὸς ᾄδης, τὰ θνητὰ
τὰ ἀθάνατα, ἅμα τῇ τότε συμπολεμεῖ καὶ συγκινδυνεύει μάχῃ;
ἀλλὰ ταῦτα φοβερὰ μέν, πλὴν ἄλλως, εἰ μὴ κατ' ἀλληγορίαν 7
λαμβάνοιτο, παντάπασιν ἄθεα καὶ οὐ σῴζοντα τὸ πρέπον. Ὅμηρος
γάρ μοι δοκεῖ παραδιδοὺς τραύματα θεῶν στάσεις τιμωρίας
δάκρυα δεσμὰ πάθη πάμφυρτα τοὺς μὲν ἐπὶ τῶν Ἰλιακῶν
ἀνθρώπους ὅσον ἐπὶ τῇ δυνάμει θεοὺς πεποιηκέναι, τοὺς θεοὺς δὲ
ἀνθρώπους. ἀλλ' ἡμῖν μὲν δυσδαιμονοῦσιν ἀπόκειται λιμὴν κακῶν
ὁ θάνατος, τῶν θεῶν δ' οὐ τὴν φύσιν, ἀλλὰ τὴν ἀτυχίαν ἐποίησεν
αἰώνιον. πολὺ δὲ τῶν περὶ τὴν θεομαχίαν ἀμείνω τὰ ὅσα ἄχραντόν 8
τι καὶ μέγα τὸ δαιμόνιον ὡς ἀληθῶς καὶ ἄκρατον παρίστησιν, οἷα
(πολλοῖς δὲ πρὸ ἡμῶν ὁ τόπος ἐξείργασται) τὰ ἐπὶ τοῦ Ποσειδῶνος,

　　　τρέμε δ' οὔρεα μακρὰ καὶ ὕλη
καὶ κορυφαὶ Τρώων τε πόλις καὶ νῆες Ἀχαιῶν
ποσσὶν ὑπ' ἀθανάτοισι Ποσειδάωνος ἰόντος.
βῆ δ' ἐλάαν ἐπὶ κύματ', ἄταλλε δὲ κήτε' ὑπ' αὐτοῦ
πάντοθεν ἐκ κευθμῶν, οὐδ' ἠγνοίησεν ἄνακτα·
γηθοσύνῃ δὲ θάλασσα διίστατο, τοὶ δὲ πέτοντο.

ταύτῃ καὶ ὁ τῶν Ἰουδαίων θεσμοθέτης, οὐχ ὁ τυχὼν ἀνήρ, ἐπειδὴ 9

p. 10, 25–5 Hom. *Φ* 388 (ἀμφὶ . . . οὐρανός)+*E* 750 (Οὔλυμπός τε) +*Y*
61–65　　　20–25 Hom. *N* 18 +*Y* 60+*N* 19+*N* 27–29

2 ἔπειτα] ὕπερθε Hom.　　　7 ὅλου] δι' ὅλου Rothstein　　　9 ἅμα del.
Ruhnken　　　16 ἀλλὰ ⟨καὶ⟩ G. S. A. (*Class. J.* 3. 5, p. 65)　　　18 ἄκρα-
τον] ἴσως ἀκήρατον K marg., Portus　　　26–p. 12, 3 ταύτῃ . . .
ἐγένετο spuria iudicaverunt Portus, Spengel, alii

τὴν τοῦ θείου δύναμιν κατὰ τὴν ἀξίαν ἐχώρησε κἀξέφηνεν, εὐθὺς
ἐν τῇ εἰσβολῇ γράψας τῶν νόμων "εἶπεν ὁ Θεός", φησί,—τί;
10 "γενέσθω φῶς, καὶ ἐγένετο· γενέσθω γῆ, καὶ ἐγένετο." οὐκ
ὀχληρὸς ἂν ἴσως, ἑταῖρε, δόξαιμι, ἐν ἔτι τοῦ ποιητοῦ καὶ τῶν
ἀνθρωπίνων παραθέμενος τοῦ μαθεῖν χάριν ὡς εἰς τὰ ἡρωικὰ 5
μεγέθη συνεμβαίνειν ἐθίζει. ἀχλὺς ἄφνω καὶ νὺξ ἄπορος αὐτῷ
τὴν τῶν Ἑλλήνων ἐπέχει μάχην· ἔνθα δὴ ὁ Αἴας ἀμηχανῶν

Ζεῦ πάτερ (φησίν), ἀλλὰ σὺ ῥῦσαι ὑπ' ἠέρος υἷας Ἀχαιῶν,
ποίησον δ' αἴθρην, δὸς δ' ὀφθαλμοῖσιν ἰδέσθαι·
ἐν δὲ φάει καὶ ὄλεσσον. 10

ἔστιν ὡς ἀληθῶς τὸ πάθος Αἴαντος, οὐ γὰρ ζῆν εὔχεται (ἦν
γὰρ τὸ αἴτημα τοῦ ἥρωος ταπεινότερον), ἀλλ' ἐπειδὴ ἐν ἀπράκτῳ
σκότει τὴν ἀνδρείαν εἰς οὐδὲν γενναῖον εἶχε διαθέσθαι, διὰ ταῦτ'
ἀγανακτῶν ὅτι πρὸς τὴν μάχην ἀργεῖ, φῶς ὅτι τάχιστα αἰτεῖται,
ὡς πάντως τῆς ἀρετῆς εὑρήσων ἐντάφιον ἄξιον, κἂν αὐτῷ Ζεὺς 15
11 ἀντιτάττηται. ἀλλὰ γὰρ Ὅμηρος μὲν ἐνθάδε οὔριος συνεμπνεῖ
τοῖς ἀγῶσι, καὶ οὐκ ἄλλο τι αὐτὸς πέπονθεν ἢ

μαίνεται, ὡς ὅτ' Ἄρης ἐγχέσπαλος ἢ ὀλοὸν πῦρ
οὔρεσι μαίνηται, βαθέης ἐν τάρφεσιν ὕλης,
ἀφλοισμὸς δὲ περὶ στόμα γίγνεται. 20

δείκνυσι δ' ὅμως διὰ τῆς Ὀδυσσείας (καὶ γὰρ ταῦτα πολλῶν
ἕνεκα προσεπιθεωρητέον), ὅτι μεγάλης φύσεως ὑποφερομένης
12 ἤδη ἴδιόν ἐστιν ἐν γήρᾳ τὸ φιλόμυθον. δῆλος γὰρ ἐκ πολλῶν τε
ἄλλων συντεθεικὼς ταύτην δευτέραν τὴν ὑπόθεσιν, ἀτὰρ δὴ κἀκ
τοῦ λείψανα τῶν Ἰλιακῶν παθημάτων διὰ τῆς Ὀδυσσείας 25
ὡς ἐπεισόδιά τινα [τοῦ Τρωικοῦ πολέμου] προσεπεισφέρειν, καὶ
νὴ Δί' ἐκ τοῦ τὰς ὀλοφύρσεις καὶ τοὺς οἴκτους ὡς πάλαι που

2–3 cf. Genesis i, 3–9   8–10 Hom. P 645–7   18–20 Hom. O 605–7

1 ἐχώρησε] ἐγνώρισε Man.   4 καὶ] κἀκ Wilamowitz : κἀπὶ Hammer   16 Ὅμηρος ἐνθάδε μὲν Hefermehl : ἐνθάδε μὲν Ὅμηρος Richards
ἐνθάδε] ἐν Ἰλιάδι Wilamowitz   18 μαίνεται] μαίνετο δ' Hom.
20 γίγνεται] γίγνετο Hom.   23 ἐν γήρᾳ secl. Hefermehl   25 ⟨τὰ⟩
λείψανα Hefermehl   26 [τινα . . . πολέμου] secl. Wilamowitz

προεγνωσμένοις τοῖς ἥρωσιν ἐνταῦθα προσαποδιδόναι. οὐ γὰρ
ἀλλ᾽ ἢ τῆς Ἰλιάδος ἐπίλογός ἐστιν ἡ Ὀδύσσεια·

ἔνθα μὲν Αἴας κεῖται ἀρήιος, ἔνθα δ᾽ Ἀχιλλεύς,
ἔνθα δὲ Πάτροκλος, θεόφιν μήστωρ ἀτάλαντος·
5   ἔνθα δ᾽ ἐμὸς φίλος υἱός.

ἀπὸ δὲ τῆς αὐτῆς αἰτίας, οἶμαι, τῆς μὲν Ἰλιάδος γραφομένης 13
ἐν ἀκμῇ πνεύματος ὅλον τὸ σωμάτιον δραματικὸν ὑπεστήσατο
καὶ ἐναγώνιον, τῆς δὲ Ὀδυσσείας τὸ πλέον διηγηματικόν, ὅπερ
ἴδιον γήρως. ὅθεν ἐν τῇ Ὀδυσσείᾳ παρεικάσαι τις ἂν καταδυο-
10 μένῳ τὸν Ὅμηρον ἡλίῳ, οὗ δίχα τῆς σφοδρότητος παραμένει τὸ
μέγεθος. οὐ γὰρ ἔτι τοῖς Ἰλιακοῖς ἐκείνοις ποιήμασιν ἴσον
ἐνταῦθα σώζει τὸν τόνον, οὐδ᾽ ἐξωμαλισμένα τὰ ὕψη καὶ ἱζήματα
μηδαμοῦ λαμβάνοντα, οὐδὲ τὴν πρόχυσιν ὁμοίαν τῶν ἐπαλλήλων
παθῶν, οὐδὲ τὸ ἀγχίστροφον καὶ πολιτικὸν καὶ ταῖς ἐκ τῆς
15 ἀληθείας φαντασίαις καταπεπυκνωμένον· ἀλλ᾽ οἷον ὑποχωροῦντος
εἰς ἑαυτὸν Ὠκεανοῦ καὶ περὶ τὰ ἴδια μέτρα †ἐρημουμένου τὸ
λοιπὸν φαίνονται τοῦ μεγέθους ἀμπώτιδες κἂν τοῖς μυθώδεσι καὶ
ἀπίστοις πλάνος. λέγων δὲ ταῦτ᾽ οὐκ ἐπιλέλησμαι τῶν ἐν τῇ 14
Ὀδυσσείᾳ χειμώνων καὶ τῶν περὶ τὸν Κύκλωπα καί τινων ἄλλων,
20 ἀλλὰ γῆρας διηγοῦμαι, γῆρας δ᾽ ὅμως Ὁμήρου· πλὴν ἐν ἅπασι
τούτοις ἑξῆς τοῦ πρακτικοῦ κρατεῖ τὸ μυθικόν. παρεξέβην δ᾽
εἰς ταῦθ᾽, ὡς ἔφην, ἵνα δείξαιμι ὡς εἰς λῆρον ἐνίοτε ῥᾷστον κατὰ
τὴν ἀπακμὴν τὰ μεγαλοφυῆ παρατρέπεται, οἷα τὰ περὶ τὸν
ἀσκὸν καὶ τοὺς ἐν Κίρκης συοφορβουμένους, οὓς ὁ Ζωίλος ἔφη

3–5 Hom. γ 109–11   18–19 Hom. ε 291 sqq., ι 181 sqq.   23–24 Hom.
κ 17 sqq., κ 237 sqq.   24 Zoilus F 3 FGrHist 71

1 προεγνωσμένοις Reiske : προεγνωσμένους P   1–2 οὐ . . .
Ὀδύσσεια post υἱός (5) traicienda censebat Jahn   11 ποιήμασιν
fortasse secludendum : παθήμασιν Wilamowitz   16 μέτρα] τέρματα
Man. : τέλματα Tollius   †ἐρημουμένου corruptum : ex. gr. ἠρέμ⟨α κεχυ-
μένου⟩ latere crediderim : ἠπειρουμένου Toup : ἡμερουμένου Ruhnken
18 πλάνος] πλάνοις Pearce : πλάτος Lebègue : πλάδος Immisch   22 ῥᾷ-
στον] τεράστιον Richards   23 ἀπακμὴν Man. : παρακμὴν K marg.,
Portus : ἀκμὴν P   24 ἐν Faber : ἐκ P   συοφορβουμένους] συομορφου-
μένους Valckenaer

χοιρίδια κλαίοντα, καὶ τὸν ὑπὸ τῶν πελειάδων ὡς νεοσσὸν
παρατρεφόμενον Δία καὶ τὸν ἐπὶ τοῦ ναυαγίου δέχ' ἡμέρας ἄσιτον
τά τε περὶ τὴν μνηστηροφονίαν ἀπίθανα. τί γὰρ ἂν ἄλλο φήσαιμεν
15 ταῦτα ἢ τῷ ὄντι τοῦ Διὸς ἐνύπνια; δευτέρου δὲ εἵνεκα προσιστορή-
σθω τὰ κατὰ τὴν Ὀδύσσειαν, ὅπως ᾖ σοι γνώριμον ὡς ἡ ἀπακμὴ 5
τοῦ πάθους ἐν τοῖς μεγάλοις συγγραφεῦσι καὶ ποιηταῖς εἰς ἦθος
ἐκλύεται. τοιαῦτα γάρ που τὰ περὶ τὴν τοῦ Ὀδυσσέως ἠθικῶς
αὐτῷ βιολογούμενα οἰκίαν οἱονεὶ κωμῳδία τίς ἐστιν ἠθολογουμένη.
10 Φέρε νῦν, εἴ τι καὶ ἕτερον ἔχοιμεν ὑψηλοὺς ποιεῖν τοὺς λόγους
δυνάμενον, ἐπισκεψώμεθα. οὐκοῦν ἐπειδὴ πᾶσι τοῖς πράγμασι 10
φύσει συνεδρεύει τινὰ μόρια ταῖς ὕλαις συνυπάρχοντα, ἐξ ἀνάγκης
γένοιτ' ἂν ἡμῖν ὕψους αἴτιον τὸ τῶν ἐμφερομένων ἐκλέγειν ἀεὶ τὰ
καιριώτατα καὶ ταῦτα τῇ πρὸς ἄλληλα ἐπισυνθέσει καθάπερ ἕν τι
σῶμα ποιεῖν δύνασθαι· ὃ μὲν γὰρ τῇ ἐκλογῇ τὸν ἀκροατὴν τῶν
λημμάτων, ὃ δὲ τῇ πυκνώσει τῶν ἐκλελεγμένων προσάγεται. 15
οἷον ἡ Σαπφὼ τὰ συμβαίνοντα ταῖς ἐρωτικαῖς μανίαις παθήματα
ἐκ τῶν παρεπομένων καὶ ἐκ τῆς ἀληθείας αὐτῆς ἑκάστοτε λαμ-
βάνει. ποῦ δὲ τὴν ἀρετὴν ἀποδείκνυται; ὅτι τὰ ἄκρα αὐτῶν καὶ
ὑπερτεταμένα δεινὴ καὶ ἐκλέξαι καὶ εἰς ἄλληλα συνδῆσαι·

2   φαίνεταί μοι κῆνος ἴσος θέοισιν   20
ἔμμεν' ὤνηρ, ὅττις ἐνάντιός τοι
ἰσδάνει καὶ πλάσιον ἆδυ φωνεί-
σας ὑπακούει
καὶ γελαίσας ἰμέροεν, τό μ' ἦ μὰν
καρδίαν ἐν στήθεσιν ἐπτόαισεν.   25
ὡς γὰρ ἔς σ' ἴδω βρόχε', ὥς με φώναισ'
οὐδὲν ἔτ' εἴκει·

1–3 μ 62 sq., 447 sqq., χ 79 sqq.   20–p. 15, 9 Sappho, fr. 31 *Poet.*
Lesb. Fragm., ed. Lobel–Page

2 ἄσιτον ⟨ὄντα⟩ Groeneboom : τὸ . . . ἀσιτεῖν Photiades   4 τοῦ
Διὸς] οὐχ ὑγιοῦς Haupt : τοῦ secl. Wilamowitz   προσιστορήσθω Weiske:
προσιστορείσθω P   9 ἔχοιμεν] ἔχομεν Man.   12 ἐκφερ- P : corr. Tollius
14–15 ὃ μὲν . . . ὃ δὲ Pearce : ὁ μὲν . . . ὁ δὲ P   18 ὅτι Wifstrand : ὅτε P
20–p. 15, 9 leviora non notavi   21–22 τοι ἰζάνει apogr. : τοιζάνει P
24 τό μ' ἦ μὰν Lobel : τὸ μὴ ἐμὰν P   26 ὡς γὰρ ἔς σ' ἴδω Lobel : ὡς
γὰρ σίδω P   βρόχεώς P : distinxit Tollius   φώναισ' Danielsson : φωνὰς P

ἀλλὰ κἀμ μὲν γλῶσσα †ἔαγε· λέπτον δ'
αὔτικα χρῷ πῦρ ὑπαδεδρόμακεν·
ὀππάτεσσι δ' οὐδὲν ὄρημμ', ἐπιρρόμ-
βεισι δ' ἄκουαι·

5 †ἐκαδε μ' ἴδρως ψυχρὸς† κακχέεται, τρόμος δὲ
παῖσαν ἄγρει, χλωροτέρα δὲ ποίας
ἔμμι· τεθνάκην δ' ὀλίγω 'πιδεύης
φαίνομαι . . .
ἀλλὰ πᾶν τόλματον, †ἐπεὶ καὶ πένητα†

10 οὐ θαυμάζεις ὡς ὑπ⟨ὸ τὸ⟩ αὐτὸ τὴν ψυχὴν τὸ σῶμα, τὰς ἀκοὰς τὴν 3
γλῶσσαν, τὰς ὄψεις τὴν χρόαν, πάνθ' ὡς ἀλλότρια διοιχόμενα
ἐπιζητεῖ, καὶ καθ' ὑπεναντιώσεις ἅμα ψύχεται καίεται, ἀλογι-
στεῖ φρονεῖ †ἧ γὰρ† φοβεῖται †ἧ παρ' ὀλίγον τέθνηκεν ἵνα μὴ ἕν
τι περὶ αὐτὴν πάθος φαίνηται, παθῶν δὲ σύνοδος; πάντα μὲν

15 τοιαῦτα γίνεται περὶ τοὺς ἐρῶντας, ἡ λῆψις δ' ὡς ἔφην τῶν
ἄκρων καὶ ἡ εἰς ταὐτὸ συναίρεσις ἀπειργάσατο τὴν ἐξοχήν. ὅνπερ
οἶμαι καὶ ἐπὶ τῶν χειμώνων τρόπον ὁ ποιητὴς ἐκλαμβάνει τῶν
παρακολουθούντων τὰ χαλεπώτατα. ὁ μὲν γὰρ τὰ Ἀριμάσπεια 4
ποιήσας ἐκεῖνα οἴεται δεινά·

20 θαῦμ' ἡμῖν καὶ τοῦτο μέγα φρεσὶν ἡμετέρῃσιν.
ἄνδρες ὕδωρ ναίουσιν ἀπὸ χθονὸς ἐν πελάγεσσι·
δύστηνοί τινές εἰσιν, ἔχουσι γὰρ ἔργα πονηρά·
ὄμματ' ἐν ἄστροισι, ψυχὴν δ' ἐνὶ πόντῳ ἔχουσιν.
ἦ που πολλὰ θεοῖσι φίλας ἀνὰ χεῖρας ἔχοντες

25 εὔχονται σπλάγχνοισι κακῶς ἀναβαλλομένοισι.

20-25 Arimaspea, fr. 1 Kinkel = fr. 7 Bolton

---

1 ἀλλὰ κἀμ apogr.: ἀλλὰ κἂν P: ἀλλὰ κατὰ Plu. *Mor.* 81D: ἀλλ' ἄκαν
Lobel–Page   †ἔαγε] 'fortasse γέγακε' Page   5 ἀδεμ' ἱδρὼς κακὸς
χέεται *An. Ox.* Cramer i. 208: κὰδ δέ μ' ἴδρως κακχέεται Ahrens: κὰδ δέ
μ' ἴδρως ψῦχρος ἔχει Page   7 'πιδεύης Hermann: πιδεύσην P: 'πιδεύ-
ην Ahrens   8 φαίνομ' ἐμαυτᾷ Pap. Soc. Ital. (Omaggio al XI Congresso
di Papirologia, 1965, no. 2, p. 16)   10 θαυμάζεις Rob.: θαυμάζοις P
ὑπ' αὐτὸ P: corr. Spengel   12 ἀλογιστεῖ Man.: ἀλογιστί P   13
†ἧ γὰρ† . . . †ἧ an potius secludenda? et haec et φρονεῖ secl. Hermann
φοβεῖται] πτοεῖται Ruhnken: φοιβᾶται Rothstein   16 ὅνπερ Man.:
ὅπερ P   20 ἡμῖν] ἦ μὴν Faber   25 ἀναπαλλομένοισι Wilamowitz

παντὶ οἶμαι δῆλον, ὡς πλέον ἄνθος ἔχει τὰ λεγόμενα ἢ δέος. ὁ δὲ
5 Ὅμηρος πῶς; ἐν γὰρ ἀπὸ πολλῶν λεγέσθω·

> ἐν δ' ἔπεσ', ὡς ὅτε κῦμα θοῇ ἐν νηὶ πέσῃσι
> λάβρον ὑπαὶ νεφέων ἀνεμοτρεφές, ἡ δέ τε πᾶσα
> ἄχνῃ ὑπεκρύφθη, ἀνέμοιο δὲ δεινὸς ἀήτης   5
> ἱστίῳ ἐμβρέμεται, τρομέουσι δέ τε φρένα ναῦται
> δειδιότες· τυτθὸν γὰρ ὑπὲκ θανάτοιο φέρονται.

6 ἐπεχείρησε καὶ ὁ Ἄρατος τὸ αὐτὸ τοῦτο μετενεγκεῖν,

> ὀλίγον δὲ διὰ ξύλον ἄϊδ' ἐρύκει·

πλὴν μικρὸν αὐτὸ καὶ γλαφυρὸν ἐποίησεν ἀντὶ φοβεροῦ· ἔτι δὲ 10
παρώρισε τὸν κίνδυνον εἰπών "ξύλον ἄϊδ' ἐρύκει". οὐκοῦν
ἀπείργει. ὁ δὲ ποιητὴς οὐκ εἰς ἅπαξ παρορίζει τὸ δεινόν, ἀλλὰ
τοὺς ἀεὶ καὶ μόνον οὐχὶ κατὰ πᾶν κῦμα πολλάκις ἀπολλυμένους
εἰκονογραφεῖ. καὶ μὴν τὰς προθέσεις ἀσυνθέτους οὔσας συναναγ-
κάσας παρὰ φύσιν καὶ εἰς ἀλλήλας συμβιασάμενος, [ὑπὲκ θανά- 15
τοιο] τῷ μὲν συνεμπίπτοντι πάθει τὸ ἔπος ὁμοίως ἐβασάνισε, τῇ
δὲ τοῦ ἔπους συνθλίψει τὸ πάθος ἄκρως ἀπεπλάσατο καὶ μόνον
οὐκ ἐνετύπωσε τῇ λέξει τοῦ κινδύνου τὸ ἰδίωμα· " ὑπὲκ θανάτοιο
7 φέρονται." οὐκ ἄλλως ὁ Ἀρχίλοχος ἐπὶ τοῦ ναυαγίου, καὶ ἐπὶ
τῇ προσαγγελίᾳ ὁ Δημοσθένης· " ἑσπέρα μὲν γὰρ ἦν " φησίν. 20
ἀλλὰ τὰς ἐξοχάς, ὡς ⟨ἂν⟩ εἴποι τις, ἀριστίνδην ἐκκαθήραντες
ἐπισυνέθηκαν, οὐδὲν φλοιῶδες ἢ ἄσεμνον ἢ σχολικὸν ἐγκατατάτ-
τοντες διὰ μέσου. λυμαίνεται γὰρ ταῦτα τὸ ὅλον, ὡσανεὶ ψύγματα

3–7 Hom. O 624 sqq.   9 Aratus, Phaen. 299   19 Archilochus,
10, 12, 21, 56 A Diehl (?)   20 Dem. 18. 169

---

1 παντὶ ⟨δ'⟩ Richards : παντί ⟨γ'⟩ Rohden   ἢ δέος Victorius : ἡδέως
P   11 ἐρύκει Man. : ἀπείργει P   11–12 οὐκοῦν ἀπείργει om. Rob., del.
Ruhnken   12–13 ἀλλὰ τοὺς] ἀλλ' αὐτοὺς Lebègue   πολλάκις] an
secludendum?   15–16 [ὑπὲκ θανάτοιο] secl. G. S. A. (v. ad 9. 7)
19 φέρονται Man. : φέροντα P   21 ⟨ἂν⟩ add. Ruhnken   ἐκκαθή-
ραντες] ἐπικρίναντες Ruhnken   23 ψύγματα] ψήγματα Man.

ἢ ἀραιώματα ἐμποιοῦντα μεγέθη συνοικοδομούμενα τῇ πρὸς ἄλ-
ληλα σχέσει συντετειχισμένα.

Σύνεδρός ἐστι ταῖς προεκκειμέναις ἀρετὴ καὶ ἣν καλοῦσιν 11
αὔξησιν, ὅταν δεχομένων τῶν πραγμάτων καὶ ἀγώνων κατὰ
5 περιόδους ἀρχάς τε πολλὰς καὶ ἀναπαύλας ἕτερα ἑτέροις ἐπεισ-
κυκλούμενα μεγέθη συνεχῶς ἐπεισάγηται κατ' ἐπίτασιν. τοῦτο δὲ 2
εἴτε διὰ τοπηγορίαν, εἴτε δείνωσιν ἢ πραγμάτων ἢ κατασκευῶν
ἐπίρρωσιν, εἴτ' ἐποικοδομίαν ἔργων ἢ παθῶν (μυρίαι γὰρ ἰδέαι τῶν
αὐξήσεων) γίνοιτο, χρὴ γινώσκειν ὅμως τὸν ῥήτορα, ὡς οὐδὲν ἂν
10 τούτων καθ' αὑτὸ συσταίη χωρὶς ὕψους τέλειον, πλὴν εἰ μὴ ἐν
οἴκτοις ἄρ' ἢ νὴ Δία ἐν εὐτελισμοῖς, τῶν δ' ἄλλων αὐξητικῶν
ὅτου περ ἂν τὸ ὑψηλὸν ἀφέλῃς, ὡς ψυχὴν ἐξαιρήσεις σώματος·
εὐθὺς γὰρ ἀτονεῖ καὶ κενοῦται τὸ ἔμπρακτον αὐτῶν μὴ τοῖς
ὕψεσι συνεπιρρωννύμενον. ᾗ μέντοι διαφέρει τοῦ ἀρτίως εἰρη- 3
15 μένου τὰ νῦν παραγγελλόμενα—περιγραφὴ γάρ τις ἦν ἐκεῖνο τῶν
ἄκρων λημμάτων καὶ εἰς ἑνότητα σύνταξις—καὶ τίνι καθόλου
τῶν αὐξήσεων παραλλάττει τὰ ὕψη, τῆς σαφηνείας αὐτῆς ἕνεκα
συντόμως διοριστέον.

Ὁ μὲν οὖν τῶν τεχνογράφων ὅρος ἔμοιγ' οὐκ ἀρεστός. αὔξησίς 12
20 ἐστι, φασί, λόγος μέγεθος περιτιθεὶς τοῖς ὑποκειμένοις. δύναται
γὰρ ἀμέλει καὶ ὕψους καὶ πάθους καὶ τρόπων εἶναι κοινὸς οὗτος
ὅρος, ἐπειδὴ κἀκεῖνα τῷ λόγῳ περιτίθησι ποιόν τι μέγεθος. ἐμοὶ
δὲ φαίνεται ταῦτα ἀλλήλων παραλλάττειν, ᾗ κεῖται τὸ μὲν ὕψος
ἐν διάρματι, ἡ δ' αὔξησις καὶ ἐν πλήθει· διὸ κεῖνο μὲν κἂν νοήματι
25 ἑνὶ πολλάκις, ἡ δὲ πάντως μετὰ ποσότητος καὶ περιουσίας τινὸς ὑφ-
ίσταται. καὶ ἔστιν ἡ αὔξησις, ὡς τύπῳ περιλαβεῖν, συμπλήρωσις 2

1 ἐμποιοῦντα ⟨ἐς⟩ Roberts, fortasse recte: ἐμποιοῦν τὰ Vahlen: ἐμ-
ποιοῦντα ⟨τὰ⟩ Wendland: ἐμποδιοῦντα dubitanter Prickard   ἤ . . .
μεγέθη] ἃ εἰς ἀραιώματα ἐμβύεται, τὰ μεγέθη Ruhnken   συνοικοδομού-
μενα Man.: συνοικονομούμενα P del. Pearce   τῇ ⟨τε⟩ Tollius   συν-
τετειχισμένα] συνεστοιχισμένα Ellis   3 καὶ del. Tollius   5 ἀρχάς]
ἀργίας Rothstein   6 ἐπίτασιν Wilamowitz: ἐπίβασιν P   7 prius ἢ
secl. Portus   8 ἐποικοδομίαν K marg.: ἐποικονομίαν P   9 γίνοιτο
Morus: γίνοιντο P   11 ἄρ' ἢ νὴ Δία scripsi: ἄρα νὴ Δία ἢ P
13 κενοῦται] σβέννυται Ruhnken: μειοῦται Wenkebach   22 ⟨ὁ⟩
ὅρος Man.

ἀπὸ πάντων τῶν ἐμφερομένων τοῖς πράγμασι μορίων καὶ τόπων,
ἰσχυροποιοῦσα τῇ ἐπιμονῇ τὸ κατεσκευασμένον, ταύτῃ τῆς πίστε-
ως διεστῶσα, ὅτι ἡ μὲν τὸ ζητούμενον ἀποδεί⟨κνυσιν⟩ . . .

. . . πλουσιώτατα, καθάπερ τι πέλαγος, εἰς ἀναπεπταμένον 5
3 κέχυται πολλαχῇ μέγεθος. ὅθεν, οἶμαι, κατὰ λόγον ὁ μὲν ῥήτωρ
ἅτε παθητικώτερος πολὺ τὸ διάπυρον ἔχει καὶ θυμικῶς ἐκφλεγό-
μενον, ὁ δέ, καθεστὼς ἐν ὄγκῳ καὶ μεγαλοπρεπεῖ σεμνότητι, οὐκ
4 ἔψυκται μέν, ἀλλ' οὐχ οὕτως ἐπέστραπται. οὐ κατ' ἄλλα δέ τινα
ἢ ταῦτα, ἐμοὶ δοκεῖ, φίλτατε Τερεντιανέ, (λέγω δέ, ⟨εἰ⟩ καὶ ἡμῖν 10
ὡς Ἕλλησιν ἐφεῖταί τι γινώσκειν) καὶ ὁ Κικέρων τοῦ Δημο-
σθένους ἐν τοῖς μεγέθεσι παραλλάττει. ὁ μὲν γὰρ ἐν ὕψει τὸ
πλέον ἀποτόμῳ, ὁ δὲ Κικέρων ἐν χύσει, καὶ ὁ μὲν ἡμέτερος διὰ τὸ
μετὰ βίας ἕκαστα, ἔτι δὲ τάχους ῥώμης δεινότητος, οἷον καίειν τε
ἅμα καὶ διαρπάζειν σκηπτῷ τινι παρεικάζοιτ' ἂν ἢ κεραυνῷ, ὁ δὲ 15
Κικέρων ὡς ἀμφιλαφής τις ἐμπρησμός, οἶμαι, πάντη νέμεται καὶ
ἀνειλεῖται, πολὺ ἔχων καὶ ἐπίμονον ἀεὶ τὸ καῖον καὶ διακληρο-
νομούμενον ἄλλοτ' ἀλλοίως ἐν αὐτῷ καὶ κατὰ διαδοχὰς ἀνα-
5 τρεφόμενον. ἀλλὰ ταῦτα μὲν ὑμεῖς ἂν ἄμεινον ἐπικρίνοιτε, καιρὸς
δὲ τοῦ Δημοσθενικοῦ μὲν ὕψους καὶ ὑπερτεταμένου ἔν τε ταῖς 20
δεινώσεσι καὶ τοῖς σφοδροῖς πάθεσι καὶ ἔνθα δεῖ τὸν ἀκροατὴν τὸ
σύνολον ἐκπλῆξαι, τῆς δὲ χύσεως ὅπου χρὴ καταντλῆσαι· τοπη-
γορίαις τε γὰρ καὶ ἐπιλόγοις κατὰ τὸ πλέον καὶ παρεκβάσεσι
καὶ τοῖς φραστικοῖς ἅπασι καὶ ἐπιδεικτικοῖς, ἱστορίαις τε καὶ
φυσιολογίαις, καὶ οὐκ ὀλίγοις ἄλλοις μέρεσιν ἁρμόδιος. 25

13 Ὅτι μέντοι ὁ Πλάτων (ἐπάνειμι γάρ) τοιούτῳ τινὶ χεύματι
ἀψοφητὶ ῥέων οὐδὲν ἧττον μεγεθύνεται, ἀνεγνωκὼς τὰ ἐν τῇ
Πολιτείᾳ τὸν τύπον οὐκ ἀγνοεῖς. "οἱ ἄρα φρονήσεως" φησί
28 et sqq. Pl. Resp. 9. 586A: omittuntur nonnulla

desunt duo folia in P   9 ἐπέστραπται] ἀπαστράπτει Bentley   10
⟨εἰ⟩ add. Man.   14 ῥώμης] ῥύμης Lebègue   17 καὶ post καῖον
del. Wilamowitz   18 αὐτῷ] αὑτῷ?   23 ἐπιλόγοις] ἀπολόγοις apogr.
παρεκβάσεσι scripsi: παραβάσεσι P   27 e.g. μεγεθύνεται ⟨ἐν ἑνὶ παρα-
δείγματι ἀρκέσει σοὶ δεικνύναι ὅτι⟩ Lebègue   28 τὸν τύπον del. Faber

"καὶ ἀρετῆς ἄπειροι, εὐωχίαις δὲ καὶ τοῖς τοιούτοις ἀεὶ συνόντες,
κάτω ὡς ἔοικε φέρονται καὶ ταύτῃ πλανῶνται διὰ βίου, πρὸς δὲ
τὸ ἀληθὲς ἄνω οὔτ' ἀνέβλεψαν πώποτε οὔτ' ἀνηνέχθησαν οὐδὲ
βεβαίου τε καὶ καθαρᾶς ἡδονῆς ἐγεύσαντο, ἀλλὰ βοσκημάτων
5 δίκην κάτω ἀεὶ βλέποντες καὶ κεκυφότες εἰς γῆν καὶ εἰς τραπέζας
βόσκονται χορταζόμενοι καὶ ὀχεύοντες, καὶ ἕνεκα τῆς τούτων
πλεονεξίας λακτίζοντες καὶ κυρίττοντες ἀλλήλους σιδηροῖς κέρασι
καὶ ὁπλαῖς ἀποκτιννύουσι δι' ἀπληστίαν."

Ἐνδείκνυται δ' ἡμῖν οὗτος ἀνήρ, εἰ βουλοίμεθα μὴ κατολιγω- 2
10 ρεῖν, ὡς καὶ ἄλλη τις παρὰ τὰ εἰρημένα ὁδὸς ἐπὶ τὰ ὑψηλὰ τείνει.
ποία δὲ καὶ τίς αὕτη; ⟨ἡ⟩ τῶν ἔμπροσθεν μεγάλων συγγραφέων
καὶ ποιητῶν μίμησίς τε καὶ ζήλωσις. καί γε τούτου, φίλτατε,
ἀπρὶξ ἐχώμεθα τοῦ σκοποῦ· πολλοὶ γὰρ ἀλλοτρίῳ θεοφοροῦνται
πνεύματι τὸν αὐτὸν τρόπον ὃν καὶ τὴν Πυθίαν λόγος ἔχει τρίποδι
15 πλησιάζουσαν, ἔνθα ῥῆγμά ἐστι γῆς ἀναπνέον, ὥς φασιν, ἀτμὸν
ἔνθεον, αὐτόθεν ἐγκύμονα τῆς δαιμονίου καθισταμένην δυνάμεως
παραυτίκα χρησμῳδεῖν κατ' ἐπίπνοιαν· οὕτως ἀπὸ τῆς τῶν
ἀρχαίων μεγαλοφυΐας εἰς τὰς τῶν ζηλούντων ἐκείνους ψυχὰς ὡς
ἀπὸ ἱερῶν στομίων ἀπόρροιαί τινες φέρονται, ὑφ' ὧν ἐπιπνε-
20 όμενοι καὶ οἱ μὴ λίαν φοιβαστικοὶ τῷ ἑτέρων συνενθουσιῶσι
μεγέθει. μόνος Ἡρόδοτος Ὁμηρικώτατος ἐγένετο; Στησίχορος 3
ἔτι πρότερον ὅ τε Ἀρχίλοχος, πάντων δὲ τούτων μάλιστα ὁ
Πλάτων, ἀπὸ τοῦ Ὁμηρικοῦ κείνου νάματος εἰς αὐτὸν μυρίας
ὅσας παρατροπὰς ἀποχετευσάμενος. καὶ ἴσως ἡμῖν ἀποδείξεων
25 ἔδει, εἰ μὴ τὰ ἐπ' εἴδους καὶ οἱ περὶ Ἀμμώνιον ἐκλέξαντες
ἀνέγραψαν. ἔστι δ' οὐ κλοπὴ τὸ πρᾶγμα, ἀλλ' ὡς ἀπὸ καλῶν 4
†ἠθῶν ἢ† πλασμάτων ἢ δημιουργημάτων ἀποτύπωσις. καὶ οὐδ'

3 ἀληθῶς codd. Plat. plerique   ἀνηνέχθησαν] ἠνέχθησαν codd. Plat.
7 ἀλλήλοις P, corr. Man.   9 ἀνήρ] ἀνήρ Man.   11 ⟨ἡ⟩ add. Man.
15–16 ἔνθα . . . ἔνθεον del. Reiske   15 ἀναπνέον Man.: ἀναπνεῖν P
16 ⟨καὶ⟩ αὐτόθεν Man.   17 κατ' ἐπίπνοιαν secl. Wilamowitz   21 ⟨ἡ⟩
μόνος Morus: ⟨τί δέ;⟩ μόνος Photiades (cf. 23. 1, 33. 5)   22 τε Man.:
γε P   23 αὐτὸν Faber: αὐτὸν P   25 ἐπ' εἴδους Faber: ἐπ' ἴνδους
P: cf. 43. 6   27 ἠθῶν] εἰδῶν Tollius: λίθων Diels: θεῶν (spectacu-
lorum) Bury   ἢ] ἡ Buecheler: del. Wilamowitz   ἡ δημιουργημάτων
Immisch: ἢ δημιουργημάτων del. Jahn

ἂν ἐπακμάσαι μοι δοκεῖ τηλικαῦτά τινα τοῖς τῆς φιλοσοφίας
δόγμασι καὶ εἰς ποιητικὰς ὕλας πολλαχοῦ συνεμβῆναι καὶ φράσεις,
εἰ μὴ περὶ πρωτείων νὴ Δία παντὶ θυμῷ πρὸς Ὅμηρον, ὡς
ἀνταγωνιστὴς νέος πρὸς ἤδη τεθαυμασμένον, ἴσως μὲν φιλο-
νικότερον καὶ οἱονεὶ διαδορατιζόμενος, οὐκ ἀνωφελῶς δ᾽ ὅμως 5
διηριστεύετο· "ἀγαθὴ" γὰρ κατὰ τὸν Ἡσίοδον "ἔρις ἥδε
βροτοῖσι." καὶ τῷ ὄντι καλὸς οὗτος καὶ ἀξιονικότατος εὐκλείας
ἀγών τε καὶ στέφανος, ἐν ᾧ καὶ τὸ ἡττᾶσθαι τῶν προγενεστέρων
οὐκ ἄδοξον.

14   Οὐκοῦν καὶ ἡμᾶς, ἡνίκ᾽ ἂν διαπονῶμεν ὑψηγορίας τι καὶ 10
μεγαλοφροσύνης δεόμενον, καλὸν ἀναπλάττεσθαι ταῖς ψυχαῖς
πῶς ἂν εἰ τύχοι ταὐτὸ τοῦθ᾽ Ὅμηρος εἶπεν, πῶς δ᾽ ἂν Πλάτων
ἢ Δημοσθένης ὕψωσαν ἢ ἐν ἱστορίᾳ Θουκυδίδης. προσπίπτοντα
γὰρ ἡμῖν κατὰ ζῆλον ἐκεῖνα τὰ πρόσωπα καὶ οἷον διαπρέποντα
2 τὰς ψυχὰς ἀνοίσει πως πρὸς τὰ ἀνειδωλοποιούμενα μέτρα· ἔτι 15
δὲ μᾶλλον, εἰ κἀκεῖνο τῇ διανοίᾳ προσυπογράφοιμεν, πῶς ἂν
τόδε τι ὑπ᾽ ἐμοῦ λεγόμενον παρὼν Ὅμηρος ἤκουσεν ἢ Δημο-
σθένης, ἢ πῶς ἂν ἐπὶ τούτῳ διετέθησαν· τῷ γὰρ ὄντι μέγα τὸ
ἀγώνισμα, τοιοῦτον ὑποτίθεσθαι τῶν ἰδίων λόγων δικαστήριον
καὶ θέατρον, καὶ ἐν τηλικούτοις ἥρωσι κριταῖς τε καὶ μάρτυσιν 20
3 ὑπέχειν τῶν γραφομένων εὐθύνας πεπλάσθαι. πλέον δὲ τούτων
παρορμητικόν, εἰ προστιθείης, πῶς ἂν ἐμοῦ ταῦτα γράψαντος ὁ
μετ᾽ ἐμὲ πᾶς ἀκούσειεν αἰών; εἰ δέ τις αὐτόθεν φοβοῖτο, μὴ τοῦ
ἰδίου βίου καὶ χρόνου φθέγξαιτό τι ὑπερήμερον, ἀνάγκη καὶ τὰ
συλλαμβανόμενα ὑπὸ τῆς τούτου ψυχῆς ἀτελῆ καὶ τυφλὰ ὥσπερ 25
ἀμβλοῦσθαι, πρὸς τὸν τῆς ὑστεροφημίας ὅλως μὴ τελεσφορούμενα
χρόνον.

15   Ὄγκου καὶ μεγαληγορίας καὶ ἀγῶνος ἐπὶ τούτοις, ὦ νεανία,

6 Hes. *Opera* 24

1 ἐπακμάσαι] ἐπιπάσαι Morus: ἐμβιβάσαι Man.: ἐγκαταμῖξαι Toup: ἐπ-
ανθίσαι Bühler dub.   4 φιλονικότερον scripsi: φιλονεικότερον P   13
ὕψωσαν] ὕψωσεν Pearce   προσπίπτοντα Man.: προπίπτοντα P   14 δια-
φλέγοντα Bühler dub.   15 μέτρα suspectum: an μεγέθη vel μεγάλα?
16 'an προϋπο-?' M. L. West   21 πεπλάσθαι scripsi: πεπ . . χθαι P,
-αῖ- postea addito: πεπαῖχθαι apogr.: om. Rob.: πεπεῖσθαι Reiske

καὶ αἱ φαντασίαι παρασκευαστικώταται· οὕτω γοῦν ⟨ἡμεῖς⟩,
εἰδωλοποιίας ⟨δ'⟩ αὐτὰς ἔνιοι λέγουσι· καλεῖται μὲν γὰρ κοινῶς
φαντασία πᾶν τὸ ὁπωσοῦν ἐννόημα γεννητικὸν λόγου παριστά-
μενον· ἤδη δ' ἐπὶ τούτων κεκράτηκε τοὔνομα ὅταν ἃ λέγεις ὑπ'
5 ἐνθουσιασμοῦ καὶ πάθους βλέπειν δοκῇς καὶ ὑπ' ὄψιν τιθῇς τοῖς
ἀκούουσιν. ὡς δ' ἕτερόν τι ἡ ῥητορικὴ φαντασία βούλεται καὶ 2
ἕτερον ἡ παρὰ ποιηταῖς οὐκ ἂν λάθοι σε, οὐδ' ὅτι τῆς μὲν ἐν
ποιήσει τέλος ἐστὶν ἔκπληξις, τῆς δ' ἐν λόγοις ἐνάργεια, ἀμφότεραι
δ' ὅμως τό τε ⟨παθητικὸν⟩ ἐπιζητοῦσι καὶ τὸ συγκεκινημένον.

10   ὦ μῆτερ, ἱκετεύω σε, μὴ 'πίσειέ μοι
        τὰς αἱματωποὺς καὶ δρακοντώδεις κόρας·
        αὗται γάρ, αὗται πλησίον θρώσκουσί μου.

καὶ

        οἴμοι, κτανεῖ με· ποῖ φύγω;

15 ἐνταῦθ' ὁ ποιητὴς αὐτὸς εἶδεν Ἐρινύας· ὃ δ' ἐφαντάσθη, μικροῦ 3
δεῖν θεάσασθαι καὶ τοὺς ἀκούοντας ἠνάγκασεν. ἔστι μὲν οὖν φιλο-
πονώτατος ὁ Εὐριπίδης δύο ταυτὶ πάθη, μανίας τε καὶ ἔρωτας,
ἐκτραγῳδῆσαι, κἂν τούτοις ὡς οὐκ οἶδ' εἴ τισιν ἑτέροις ἐπι-
τυχέστατος, οὐ μὴν ἀλλὰ καὶ ταῖς ἄλλαις ἐπιτίθεσθαι φαντασί-
20 αις οὐκ ἄτολμος. ἥκιστά γέ τοι μεγαλοφυὴς ὢν ὅμως τὴν αὐτὸς
αὐτοῦ φύσιν ἐν πολλοῖς γενέσθαι τραγικὴν προσηνάγκασε, καὶ
παρ' ἕκαστα ἐπὶ τῶν μεγεθῶν, ὡς ὁ ποιητής,

        οὐρῇ [δὲ] πλευράς τε καὶ ἰσχίον ἀμφοτέρωθεν
        μαστίεται, ἓ δ' αὐτὸν ἐποτρύνει μαχέσασθαι.

25 τῷ γοῦν Φαέθοντι παραδιδοὺς τὰς ἡνίας ὁ Ἥλιος,   4
        ἔλα δὲ μήτε Λιβυκὸν αἰθέρ' εἰσβαλὼν·

10–12 Eur. *Orestes* 255–7   14 Eur. *Iph. Taur.* 291   23–24 Hom.
Υ 170–1   26–p. 22, 10 Eur. *Phaethon*, fr. 779 Nauck²

1–2 ⟨ἡμεῖς⟩ et ⟨δ'⟩ addidi: οὕτω γοῦν ⟨ἐγώ φημι, καίτοιγ' εἰδὼς ὅτι⟩
Martens   2 ⟨τὰς⟩ εἰδωλοποιίας Dobree   αὐτὰς del. Morus   4 λέγεις
Spengel: λέγῃς P   9 ⟨παθητικὸν⟩ add. Kayser: ⟨συμπαθὲς⟩ Lebègue
14 κτανεῖ] κτείνει vel κτενεῖ codd. Eur.   15 ⟨οὐκ⟩ εἶδεν Man.   18 εἴ
τισιν ἑτέροις] εἴ τις ἕτερος Stanley, fortasse recte   23 [δὲ] seclusi:
ἓ Vahlen   ἰσχία codd. Hom.   24 μαχέσασθαι Hom.: μάχεσθαι P

κρᾶσιν γὰρ ὑγρὰν οὐκ ἔχων ἀψῖδα σὴν
κάτω διήσει,

φησίν, εἶθ᾽ ἑξῆς·

"ἵει δ᾽, ἐφ᾽ ἑπτὰ Πλειάδων ἔχων δρόμον."
τοσαῦτ᾽ ἀκούσας παῖς ἔμαρψεν ἡνίας·   5
κρούσας δὲ πλευρὰ πτεροφόρων ὀχημάτων
μεθῆκεν, αἱ δ᾽ ἔπταντ᾽ ἐπ᾽ αἰθέρος πτύχας.
πατὴρ δ᾽ ὄπισθε νῶτα Σειρίου βεβὼς
ἵππευε παῖδα νουθετῶν· "ἐκεῖσ᾽ ἔλα,
τῇδε στρέφ᾽ ἅρμα, τῇδε."   10

ἆρ᾽ οὐκ ἂν εἴποις, ὅτι ἡ ψυχὴ τοῦ γράφοντος συνεπιβαίνει τοῦ ἅρ-
ματος καὶ συγκινδυνεύουσα τοῖς ἵπποις συνεπτέρωται; οὐ γὰρ ἄν,
εἰ μὴ τοῖς οὐρανίοις ἐκείνοις ἔργοις ἰσοδρομοῦσα ἐφέρετο, τοιαῦτ᾽
ἄν ποτε ἐφαντάσθη. ὅμοια καὶ τὰ ἐπὶ τῆς Κασσάνδρας αὐτῷ,
ἀλλ᾽, ὦ φίλιπποι Τρῶες.   15

5 τοῦ δ᾽ Αἰσχύλου φαντασίαις ἐπιτολμῶντος ἡρωικωτάταις, ὥσπερ
καὶ ⟨οἱ⟩ Ἑπτὰ ἐπὶ Θήβας παρ᾽ αὐτῷ—

ἄνδρες (φησὶν) ἑπτὰ θούριοι λοχαγέται,
ταυροσφαγοῦντες εἰς μελάνδετον σάκος,
καὶ θιγγάνοντες χερσὶ ταυρείου φόνου,   20
Ἄρη τ᾽ Ἐννὼ καὶ φιλαίματον Φόβον
ὁρκωμότησαν,

τὸν ἴδιον αὐτῶν πρὸς ἀλλήλους δίχα οἴκτου συνομνύμενοι θάνατον
—ἐνίοτε μέντοι ἀκατεργάστους καὶ οἱονεὶ ποκοειδεῖς τὰς ἐννοίας
καὶ ἀμαλάκτους φέροντος, ὅμως ἑαυτὸν ὁ Εὐριπίδης κἀκείνοις 25

---

15 Eur. fr. 935 Nauck² 18–22 Aesch. Septem 42 sqq. 23 δίχα
οἴκτου] cf. ibid. 51

---

1 ἀψῖδας ἦν P: corr. Faber   2 κάτω] καίων Richards   διήσει
Faber: δίεισι P   5 παῖς K marg.: τις P   8 ὄπισθεν ὦτα P: corr.
Man.   Σειρίου] σειραίου Rutgers   10 ἔλα, τῇδε στρέφ᾽ Portus:
ἐλατῆρα ἔστρεφ᾽ P   17 ⟨οἱ⟩ add. Morus   22 ὠρκωμότησαν codd.
Aesch.   25 ἀναλλάκτους φέροντας P: corr. Man.

ὑπὸ φιλοτιμίας τοῖς κινδύνοις προσβιβάζει. καὶ παρὰ μὲν Αἰσχύλῳ 6
παραδόξως τὰ τοῦ Λυκούργου βασίλεια κατὰ τὴν ἐπιφάνειαν τοῦ
Διονύσου θεοφορεῖται—

 ἐνθουσιᾷ δὴ δῶμα, βακχεύει στέγη·

5 ὁ δὲ Εὐριπίδης τὸ αὐτὸ τοῦθ' ἑτέρως ἐφηδύνας ἐξεφώνησε,

 πᾶν δὲ συνεβάκχευ' ὄρος.

ἄκρως δὲ καὶ ὁ Σοφοκλῆς ἐπὶ τοῦ θνήσκοντος Οἰδίπου καὶ 7
ἑαυτὸν μετὰ διοσημίας τινὸς θάπτοντος πεφάντασται, καὶ κατὰ
τὸν ἀπόπλουν τῶν Ἑλλήνων ἐπὶ τἀχιλλέως προφαινομένου τοῖς
10 ἀναγομένοις ὑπὲρ τοῦ τάφου, ἣν οὐκ οἶδ' εἴ τις ὄψιν ἐναργέστερον
εἰδωλοποίησε Σιμωνίδου· πάντα δ' ἀμήχανον παρατίθεσθαι. οὐ 8
μὴν ἀλλὰ τὰ μὲν παρὰ τοῖς ποιηταῖς μυθικωτέραν ἔχει τὴν
ὑπερέκπτωσιν, ὡς ἔφην, καὶ πάντη τὸ πιστὸν ὑπεραίρουσαν, τῆς
δὲ ῥητορικῆς φαντασίας κάλλιστον ἀεὶ τὸ ἔμπρακτον καὶ ἐνάληθες,
15 δειναὶ δὲ καὶ ἔκφυλοι αἱ παραβάσεις ἡνίκ' ἂν ᾖ ποιητικὸν τοῦ
λόγου καὶ μυθῶδες τὸ πλάσμα καὶ εἰς πᾶν προεκπῖπτον [τὸ] ἀδύ-
νατον, ὡς ἤδη νὴ Δία καὶ οἱ καθ' ἡμᾶς δεινοὶ ῥήτορες, καθάπερ οἱ
τραγῳδοί, βλέπουσιν Ἐρινύας καὶ οὐδὲ ἐκεῖνο μαθεῖν οἱ γενναῖοι
δύνανται, ὅτι ὁ λέγων Ὀρέστης

20 μέθες· μί' οὖσα τῶν ἐμῶν Ἐρινύων
 μέσον μ' ὀχμάζεις, ὡς βάλῃς ἐς τάρταρον,

φαντάζεται ταῦθ' ὅτι μαίνεται. τί οὖν ἡ ῥητορικὴ φαντασία 9
δύναται; πολλὰ μὲν ἴσως καὶ ἄλλα τοῖς λόγοις ἐναγώνια καὶ
ἐμπαθῆ προσεισφέρειν, κατακιρναμένη μέντοι ταῖς πραγματικαῖς
25 ἐπιχειρήσεσιν οὐ πείθει τὸν ἀκροατὴν μόνον, ἀλλὰ καὶ δουλοῦται.

1–4 Aesch. fr. 58 Nauck² 6 Eur. *Bacch.* 726 7 Soph.
OC 1586 sqq. 9 cf. Soph. fr. 479 sqq. Nauck² 11 Simonides,
fr. 209 Bergk⁴, 52 Page 20–21 Eur. *Orestes* 264–5

6 συνεβάκχευ' Porson: συνεβάκχευεν P: συνεβάκχευσ' codd. Eur.
8 διοσημίας scripsi: διοσημείας P 9 ἐπὶ τἀχιλλέως Vahlen: ἔπειτ'
Ἀχιλλέως P 10 post τάφου nonnulla excidisse coni. Bühler
15 παραβάσεις] παρεκβάσεις Petra 16 προεκπῖπτον Morus: προσεκ-
πῖπτον P [τὸ] secl. M. L. West ἀδύνατον Man.: δυνατὸν P

"καὶ μὴν εἴ τις" φησίν "αὐτίκα δὴ μάλα κραυγῆς ἀκούσειε
πρὸ τῶν δικαστηρίων, εἶτ' εἴποι τις, ὡς ἀνέῳκται τὸ δεσμωτή-
ριον, οἱ δὲ δεσμῶται φεύγουσιν, οὐδεὶς οὕτως οὔτε γέρων οὔτε
νέος ὀλίγωρός ἐστιν ὃς οὐχὶ βοηθήσει καθ' ὅσον δύναται· εἰ δὲ
δή τις εἴποι παρελθὼν ὡς ὁ τούτους ἀφεὶς οὗτός ἐστιν, οὐδὲ 5
10 λόγου τυχὼν παραυτίκ' ἂν ἀπόλοιτο." ὡς νὴ Δία καὶ ὁ Ὑπερείδης
κατηγορούμενος, ἐπειδὴ τοὺς δούλους μετὰ τὴν ἧτταν ἐλευθέρους
ἐψηφίσατο, "τοῦτο τὸ ψήφισμα" εἶπεν "οὐχ ὁ ῥήτωρ ἔγραψεν,
ἀλλ' ἡ ἐν Χαιρωνείᾳ μάχη". ἅμα γὰρ τῷ πραγματικῶς ἐπι-
χειρεῖν ὁ ῥήτωρ πεφάντασται, διὸ καὶ τὸν τοῦ πείθειν ὅρον 10
11 ὑπερβέβηκε τῷ λήμματι. φύσει δέ πως ἐν τοῖς τοιούτοις ἅπασιν
ἀεὶ τοῦ κρείττονος ἀκούομεν, ὅθεν ἀπὸ τοῦ ἀποδεικτικοῦ περιελ-
κόμεθα εἰς τὸ κατὰ φαντασίαν ἐκπληκτικόν, ᾧ τὸ πραγματικὸν
ἐγκρύπτεται περιλαμπόμενον. καὶ τοῦτ' οὐκ ἀπεικότως πάσχο-
μεν· δυεῖν γὰρ συνταττομένων ὑφ' ἕν, ἀεὶ τὸ κρεῖττον εἰς ἑαυτὸ 15
τὴν θατέρου δύναμιν περισπᾷ.

12   Τοσαῦτα περὶ τῶν κατὰ τὰς νοήσεις ὑψηλῶν καὶ ὑπὸ μεγαλο-
φροσύνης ⟨ἢ⟩ μιμήσεως ἢ φαντασίας ἀπογεννωμένων ἀρκέσει.

16   Αὐτόθι μέντοι καὶ ὁ περὶ σχημάτων ἐφεξῆς τέτακται τόπος·
καὶ γὰρ ταῦτ' ἂν ὂν δεῖ σκευάζηται τρόπον, ὡς ἔφην, οὐκ ἂν 20
ἡ τυχοῦσα μεγέθους εἴη μερίς. οὐ μὴν ἀλλ' ἐπεὶ τὸ πάντα
διακριβοῦν πολὺ ἔργον ἐν τῷ παρόντι, μᾶλλον δ' ἀπεριόριστον,
ὀλίγα τῶν ὅσα μεγαληγορίας ἀποτελεστικὰ τοῦ πιστώσασθαι τὸ
2 προκείμενον ἕνεκα καὶ δὴ διέξιμεν. ἀπόδειξιν ὁ Δημοσθένης ὑπὲρ
τῶν πεπολιτευμένων εἰσφέρει· τίς δ' ἦν ἡ κατὰ φύσιν χρῆσις 25
αὐτῆς; "οὐχ ἡμάρτετε, ὦ τὸν ὑπὲρ τῆς τῶν Ἑλλήνων ἐλευθερίας

1–6 Dem. 24. 208   7–9 Hyperides, fr. 28 Kenyon   26 sqq.
Dem. 18. 208

1–6 leviores discrepantias non notavi   1 κραυγῆς] κραυγὴν codd.
Dem.   2 πρὸ τῶν δικαστηρίων] πρὸς τῷ δικαστηρίῳ codd. Dem.
4 βοηθήσει] βοηθήσειεν ἂν codd. Dem.   6 παραυτίκ' ἂν ἀπόλοιτο] ἂν
εὐθὺς ἀπαχθεὶς θανάτῳ ζημιωθείη codd. Dem.   Ὑπερίδης ubique P :
corr. Lebègue   9 πραγματικῶς K marg. : πραγματικῷ P   18 ⟨ἢ⟩
add. Man. : ⟨διὰ⟩ μιμήσεως Wilamowitz : ⟨ἢ διὰ⟩ μιμήσεως Vahlen
22 πολὺ ἔργον Bühler : πολύεργον P (sed πολὺ ἔργον ante rasuram)
26 ἥμαρτε P : corr. Man.   ὦ ἄνδρες Ἀθηναῖοι codd. Dem.

ἀγῶνα ἀράμενοι· ἔχετε δὲ οἰκεῖα τούτου παραδείγματα· οὐδὲ
γὰρ οἱ ἐν Μαραθῶνι ἥμαρτον οὐδ' οἱ ἐν Σαλαμῖνι οὐδ' οἱ ἐν
Πλαταιαῖς." ἀλλ' ἐπειδὴ καθάπερ ἐμπνευσθεὶς ἐξαίφνης ὑπὸ
θεοῦ καὶ οἱονεὶ φοιβόληπτος γενόμενος τὸν ⟨κατὰ⟩ τῶν ἀριστέων
5 τῆς Ἑλλάδος ὅρκον ἐξεφώνησεν "οὐκ ἔστιν ὅπως ἡμάρτετε, μὰ
τοὺς ἐν Μαραθῶνι προκινδυνεύσαντας", φαίνεται δι' ἑνὸς τοῦ
ὀμοτικοῦ σχήματος, ὅπερ ἐνθάδε ἀποστροφὴν ἐγὼ καλῶ, τοὺς μὲν
προγόνους ἀποθεώσας, ὅτι δεῖ τοὺς οὕτως ἀποθανόντας ὡς θεοὺς
ὀμνύναι παριστάνων, τοῖς δὲ κρίνουσι τὸ τῶν ἐκεῖ προκινδυνευσάν-
10 των ἐντιθεὶς φρόνημα, τὴν δὲ τῆς ἀποδείξεως φύσιν μεθεστακὼς
εἰς ὑπερβάλλον ὕψος καὶ πάθος καὶ ξένων καὶ ὑπερφυῶν ὅρκων
ἀξιοπιστίαν, καὶ ἅμα παιώνειόν τινα καὶ ἀλεξιφάρμακον εἰς τὰς
ψυχὰς τῶν ἀκουόντων καθιεὶς λόγον, ὡς κουφιζομένους ὑπὸ τῶν
ἐγκωμίων μηδὲν ἔλαττον τῇ μάχῃ τῇ πρὸς Φίλιππον ἢ ἐπὶ τοῖς
15 κατὰ Μαραθῶνα καὶ Σαλαμῖνα νικητηρίοις παρίστασθαι φρονεῖν·
οἷς πᾶσι τοὺς ἀκροατὰς διὰ τοῦ σχηματισμοῦ συναρπάσας ᾤχετο.
καίτοι παρὰ τῷ Εὐπόλιδι τοῦ ὅρκου τὸ σπέρμα φασὶν εὑρῆσθαι· 3

> οὐ γὰρ μὰ τὴν Μαραθῶνι τὴν ἐμὴν μάχην
> χαίρων τις αὐτῶν τοὐμὸν ἀλγυνεῖ κέαρ.

20 ἔστι δ' οὐ τὸ ὁπωσοῦν τινα ὀμόσαι μέγα, τὸ δὲ ποῦ καὶ πῶς καὶ
ἐφ' ὧν καιρῶν καὶ τίνος ἕνεκα. ἀλλ' ἐκεῖ μὲν οὐδέν ἐστ' εἰ μὴ
ὅρκος, καὶ πρὸς εὐτυχοῦντας ἔτι καὶ οὐ δεομένους παρηγορίας
τοὺς Ἀθηναίους, ἔτι δ' οὐχὶ τοὺς ἄνδρας ἀπαθανατίσας ὁ ποιητὴς
ὤμοσεν, ἵνα τῆς ἐκείνων ἀρετῆς τοῖς ἀκούουσιν ἐντέκῃ λόγον
25 ἄξιον, ἀλλ' ἀπὸ τῶν προκινδυνευσάντων ἐπὶ τὸ ἄψυχον ἀπε-
πλανήθη, τὴν μάχην. παρὰ δὲ τῷ Δημοσθένει πεπραγμάτευται
πρὸς ἡττημένους ὁ ὅρκος, ὡς μὴ Χαιρώνειαν ἔτ' Ἀθηναίοις
ἀτύχημα φαίνεσθαι, καὶ ταυτόν, ὡς ἔφην, ἅμα ἀπόδειξίς ἐστι τοῦ
μηδὲν ἡμαρτηκέναι, παράδειγμα, [ὅρκων] πίστις, ἐγκώμιον,

---

18 Eupolis, fr. 90 Kock

4 προτροπή. κἀπειδήπερ ὑπήντα τῷ ῥήτορι, "λέγεις ἦτταν πολιτευ-
σάμενος, εἶτα νίκας ὀμνύεις", διὰ ταῦθ' ἑξῆς κανονίζει καὶ δι'
ἀσφαλείας ἄγει †καὶ ὀνόματα, διδάσκων ὅτι κἂν βακχεύμασι
νήφειν ἀναγκαῖον· "τοὺς προκινδυνεύσαντας" φησί "Μαραθῶνι
καὶ τοὺς Σαλαμῖνι καὶ ἐπ' Ἀρτεμισίῳ ναυμαχήσαντας καὶ τοὺς 5
ἐν Πλαταιαῖς παραταξαμένους." οὐδαμοῦ "νικήσαντας" εἶπεν,
ἀλλὰ πάντη τὸ τοῦ τέλους διακέκλοφεν ὄνομα, ἐπειδήπερ ἦν
εὐτυχὲς καὶ τοῖς κατὰ Χαιρώνειαν ὑπεναντίον. διόπερ καὶ τὸν
ἀκροατὴν φθάνων εὐθὺς ὑποφέρει· "οὓς ἅπαντας ἔθαψε δημοσίᾳ"
φησίν "ἡ πόλις, Αἰσχίνη, οὐχὶ τοὺς κατορθώσαντας μόνους." 10
17 Οὐκ ἄξιον ἐπὶ τούτου τοῦ τόπου παραλιπεῖν ἕν τι τῶν ἡμῖν
τεθεωρημένων, φίλτατε, ἔσται δὲ πάνυ σύντομον, ὅτι φύσει πως
συμμαχεῖ τε τῷ ὕψει τὰ σχήματα καὶ πάλιν ἀντισυμμαχεῖται
θαυμαστῶς ὑπ' αὐτοῦ. πῇ δὲ καὶ πῶς ἐγὼ φράσω. ὕποπτόν
ἐστιν ἰδίως τὸ διὰ σχημάτων πανουργεῖν καὶ προσβάλλον ὑπό- 15
νοιαν ἐνέδρας ἐπιβουλῆς παραλογισμοῦ, †καὶ ταῦθ'† ὅταν ᾖ πρὸς
κριτὴν κύριον ὁ λόγος, μάλιστα δὲ πρὸς τυράννους βασιλέας
ἡγεμόνας ⟨πάντας τοὺς⟩ ἐν ὑπεροχαῖς· ἀγανακτεῖ γὰρ εὐθὺς εἰ
ὡς παῖς ἄφρων ὑπὸ τεχνίτου ῥήτορος σχηματίοις κατασοφίζεται,
καὶ εἰς καταφρόνησιν ἑαυτοῦ λαμβάνων τὸν παραλογισμὸν ἐνίοτε 20
μὲν ἀποθηριοῦται τὸ σύνολον, κἂν ἐπικρατήσῃ δὲ τοῦ θυμοῦ, πρὸς
τὴν πειθὼ τῶν λόγων πάντως ἀντιδιατίθεται. διόπερ καὶ τότε
ἄριστον δοκεῖ τὸ σχῆμα, ὅταν αὐτὸ τοῦτο διαλανθάνῃ, ὅτι σχῆμά
2 ἐστι. τὸ τοίνυν ὕψος καὶ πάθος τῆς ἐπὶ τῷ σχηματίζειν ὑπονοίας
ἀλέξημα καὶ θαυμαστή τις ἐπικουρία καθίσταται, καί πως περι- 25
λαμβθεῖσ' ἡ τοῦ πανουργεῖν τέχνη τοῖς κάλλεσι καὶ μεγέθεσι
τὸ λοιπὸν δέδυκε καὶ πᾶσαν ὑποψίαν ἐκπέφευγεν. ἱκανὸν δὲ
τεκμήριον τὸ προειρημένον "μὰ τοὺς ἐν Μαραθῶνι". τίνι γὰρ

1 ὑπήντα ⟨τις⟩ Faber   λέγεις λέγεις P : corr. Rob.   ⟨τί⟩ λέγεις; λέγεις
Jahn, fortasse recte   3 ⟨πράγματα⟩ καὶ ὀνόματα Photiades   †καὶ]
τὰ Wilamowitz : καὶ ⟨τὰ⟩ Reiske   5 καὶ τοὺς ἐπ' Ἀρτεμισίῳ codd. Dem.
13 συμμαχεῖ τε Schurzfleisch : συμμαχεῖται P   16 †καὶ ταῦθ'† in suspici-
onem adduxit Tucker: num καὶ ⟨φυλακτέα⟩ ταῦθ'?   18 ⟨πάντας
τοὺς⟩ addidi : ⟨καὶ πάντας τοὺς⟩ Cobet : ⟨καὶ ὅλως τοὺς⟩ Terzaghi
25 περιλαμβθεῖσ' ἡ Bury : παραληφθεῖσαν P   26 κάλλεσι] πάθεσι Tollius

ἐνταῦθ' ὁ ῥήτωρ ἀπέκρυψε τὸ σχῆμα; δῆλον ὅτι τῷ φωτὶ αὐτῷ.
σχεδὸν γὰρ ὥσπερ καὶ τἀμυδρὰ φέγγη ἐναφανίζεται τῷ ἡλίῳ περι-
αυγούμενα, οὕτω τὰ τῆς ῥητορικῆς σοφίσματα ἐξαμαυροῖ περι-
χυθὲν πάντοθεν τὸ μέγεθος. οὐ πόρρω δ' ἴσως τούτου καὶ ἐπὶ τῆς 3
5 ζωγραφίας τι συμβαίνει· ἐπὶ γὰρ τοῦ αὐτοῦ κειμένων ἐπιπέδου
παραλλήλων ἐν χρώμασι τῆς σκιᾶς τε καὶ τοῦ φωτός, ὅμως προ-
ϋπαντᾷ τε τὸ φῶς ταῖς ὄψεσι καὶ οὐ μόνον ἔξοχον ἀλλὰ καὶ ἐγγυ-
τέρω παρὰ πολὺ φαίνεται. οὐκοῦν κἀπὶ τῶν λόγων τὰ πάθη καὶ τὰ
ὕψη ταῖς ψυχαῖς ἡμῶν ἐγγυτέρω κείμενα διά τε φυσικήν τινα συγ-
10 γένειαν καὶ διὰ λαμπρότητα, ἀεὶ τῶν σχημάτων προεμφανίζεται
καὶ τὴν τέχνην αὐτῶν ἐπισκιάζει καὶ οἷον ἐν κατακαλύψει τηρεῖ.

Τί δ' ἐκεῖνα φῶμεν, τὰς πεύσεις τε καὶ ἐρωτήσεις; ἆρα οὐκ 18
αὐταῖς ταῖς τῶν σχημάτων εἰδοποιίαις παρὰ πολὺ ἐμπρακτότερα
καὶ σοβαρώτερα συντείνει τὰ λεγόμενα; "ἢ βούλεσθε, εἰπέ μοι,
15 περιιόντες ἀλλήλων πυνθάνεσθαι· λέγεταί τι καινόν; τί γὰρ ἂν
γένοιτο τούτου καινότερον ἢ Μακεδὼν ἀνὴρ καταπολεμῶν τὴν
Ἑλλάδα; τέθνηκε Φίλιππος; οὐ μὰ Δί' ἀλλ' ἀσθενεῖ. τί δ' ὑμῖν
διαφέρει; καὶ γὰρ ἂν οὗτός τι πάθῃ, ταχέως ὑμεῖς ἕτερον Φίλιππον
ποιήσετε." καὶ πάλιν "πλέωμεν ἐπὶ Μακεδονίαν" φησί. "ποῖ
20 δὴ προσορμιούμεθα, ἤρετό τις. εὑρήσει τὰ σαθρὰ τῶν Φιλίππου
πραγμάτων αὐτὸς ὁ πόλεμος." ἦν δὲ ἁπλῶς ῥηθὲν τὸ πρᾶγμα
τῷ παντὶ καταδεέστερον, νυνὶ δὲ τὸ ἔνθουν καὶ ὀξύρροπον τῆς
πεύσεως καὶ ἀποκρίσεως καὶ τὸ πρὸς ἑαυτὸν ὡς πρὸς ἕτερον
ἀνθυπαντᾶν οὐ μόνον ὑψηλότερον ἐποίησε τῷ σχηματισμῷ τὸ
25 ῥηθὲν ἀλλὰ καὶ πιστότερον. ἄγει γὰρ τὰ παθητικὰ τότε μᾶλλον, 2
ὅταν αὐτὰ φαίνηται μὴ ἐπιτηδεύειν αὐτὸς ὁ λέγων ἀλλὰ γεννᾶν ὁ
καιρός, ἡ δ' ἐρώτησις ἡ εἰς ἑαυτὸν καὶ ἀπόκρισις μιμεῖται τοῦ
πάθους τὸ ἐπίκαιρον. σχεδὸν γὰρ ὡς οἱ ὑφ' ἑτέρων ἐρωτώμενοι
παροξυνθέντες ἐκ τοῦ παραχρῆμα πρὸς τὸ λεχθὲν ἐναγωνίως καὶ

14 Dem. 4. 10   19 Dem. 4. 44

---

7 καὶ οὐ μόνον Victorius: καιόμενον P   8 κἀπὶ scripsi: καὶ P
11 ἐπισκιάζει Reiske: ἀποσκιάζει P   14–21 discrepant nonnulla a
codd. Dem.   25 μᾶλλον] μάλιστα Spengel   28 ὡς οἱ Faber: ὅσον P
29 παροξυνθέντες Morus: παροξύνοντες P: παροξύνονται Man.

ἀπ' αὐτῆς τῆς ἀληθείας ἀνθυπαντῶσιν, οὕτως τὸ σχῆμα τῆς
πεύσεως καὶ ἀποκρίσεως εἰς τὸ δοκεῖν ἕκαστον τῶν ἐσκεμμένων
ἐξ ὑπογύου κεκινῆσθαί τε καὶ λέγεσθαι τὸν ἀκροατὴν ἀπάγον καὶ
παραλογίζεται. ἔτι τοίνυν (ἓν γάρ τι τῶν ὑψηλοτάτων τὸ Ἡρο-
δότειον πεπίστευται), εἰ οὕτως ἔ . . .   5

 .   .   .   .

19 . . . ⟨ἀσύμ⟩πλοκα ἐκπίπτει καὶ οἰονεὶ προχεῖται τὰ λεγόμενα,
ὀλίγου δεῖν φθάνοντα καὶ αὐτὸν τὸν λέγοντα. "καὶ συμβαλόντες"
φησὶν ὁ Ξενοφῶν "τὰς ἀσπίδας ἐωθοῦντο ἐμάχοντο ἀπέκτεινον
2 ἀπέθνησκον." καὶ τὰ τοῦ Εὐρυλόχου,

> ἤλθομεν ὡς ἐκέλευες ἀνὰ δρυμά, φαίδιμ' Ὀδυσσεῦ·   10
> εἴδομεν ἐν βήσσῃσι τετυγμένα δώματα καλά.

τὰ γὰρ ἀλλήλων διακεκομμένα καὶ οὐδὲν ἧττον κατεσπευσμένα
φέρει τῆς ἀγωνίας ἔμφασιν ἅμα καὶ ἐμποδιζούσης τι καὶ συνδιω-
κούσης. τοιαῦθ' ὁ ποιητὴς ἐξήνεγκε διὰ τῶν ἀσυνδέτων.

20 Ἄκρως δὲ καὶ ἡ ἐπὶ ταὐτὸ σύνοδος τῶν σχημάτων εἴωθε κινεῖν, 15
ὅταν δύο ἢ τρία οἷον κατὰ συμμορίαν ἀνακιρνάμενα ἀλλήλοις
ἐρανίζῃ τὴν ἰσχὺν τὴν πειθὼ τὸ κάλλος, ὁποῖα καὶ τὰ εἰς τὸν Μει-
δίαν, ταῖς ἀναφοραῖς ὁμοῦ καὶ τῇ διατυπώσει συναναπεπλεγμένα
⟨ἔχοντα⟩ τὰ ἀσύνδετα. "πολλὰ γὰρ ἂν ποιήσειεν ὁ τύπτων, ὦν
ὁ παθὼν ἔνια οὐδ' ἂν ἀπαγγείλαι δύναιτο ἑτέρῳ, τῷ σχήματι 20
2 τῷ βλέμματι τῇ φωνῇ." εἶθ' ἵνα μὴ ἐπὶ τῶν αὐτῶν ὁ λόγος ἰὼν
στῇ (ἐν στάσει γὰρ τὸ ἠρεμοῦν, ἐν ἀταξίᾳ δὲ τὸ πάθος, ἐπεὶ φορὰ
ψυχῆς καὶ συγκίνησίς ἐστιν), εὐθὺς ἐπ' ἄλλα μεθήλατο ἀσύνδετα
καὶ ἐπαναφοράς· "τῷ σχήματι τῷ βλέμματι τῇ φωνῇ, ὅταν ὡς

---

5 fortasse Herod. 7. 21   7 Xen. Hell. 4. 3. 19 = Ages. 2. 12
10 Hom. κ 251–2   19 sqq. Dem. 21. 72

---

5 desunt duo folia in P   6 ⟨ἀσύμ⟩πλοκα Reiske   10 ἤλθομεν]
ἤομεν codd. Hom.   11 .ίδομεν P (i.e. εἴδομεν) : εὔρομεν P marg.,
codd. Hom.   13 συνδιωκούσης Faber: συνδιοικούσης P   16 συμμο-
ρίαν Man.: συμμορίας P   19 ⟨ἔχοντα⟩ addidi (post ἀσύνδετα add.
Rothstein): τὰ del. Weiske   τύπτων, ὦ ἄνδρες Ἀθηναῖοι codd.
Dem.

ὑβρίζων, ὅταν ὡς ἐχθρός, ὅταν κονδύλοις, ὅταν ἐπὶ κόρρης."
οὐδὲν ἄλλο διὰ τούτων ὁ ῥήτωρ ἢ ὅπερ ὁ τύπτων ἐργάζεται· τὴν
διάνοιαν τῶν δικαστῶν τῇ ἐπαλλήλῳ πλήττει φορᾷ. εἶτ' ἐντεῦθεν 3
πάλιν ὡς αἱ καταιγίδες ἄλλην ποιούμενος ἐμβολήν "ὅταν κονδύ-
5 λοις, ὅταν ἐπὶ κόρρης" φησί· "ταῦτα κινεῖ, ταῦτα ἐξίστησιν
ἀνθρώπους, ἀήθεις ὄντας τοῦ προπηλακίζεσθαι· οὐδεὶς ἂν ταῦτα
ἀπαγγέλλων δύναιτο τὸ δεινὸν παραστῆσαι." οὐκοῦν τὴν μὲν
φύσιν τῶν ἐπαναφορῶν καὶ ἀσυνδέτων πάντῃ φυλάττει τῇ συνεχεῖ
μεταβολῇ· οὕτως αὐτῷ καὶ ἡ τάξις ἄτακτον καὶ ἔμπαλιν ἡ ἀταξία
10 ποιὰν περιλαμβάνει τάξιν.

Φέρε οὖν, πρόσθες τοὺς συνδέσμους, εἰ θέλεις, ὡς ποιοῦσιν 21
οἱ Ἰσοκράτειοι· "καὶ μὴν οὐδὲ τοῦτο χρὴ παραλιπεῖν, ὡς πολλὰ
ἂν ποιήσειεν ὁ τύπτων, πρῶτον μὲν τῷ σχήματι, εἶτα δὲ τῷ
βλέμματι, εἶτά γε μὴν αὐτῇ τῇ φωνῇ," καὶ εἴσῃ κατὰ τὸ ἑξῆς
15 οὕτως παραγράφων ὡς τοῦ πάθους τὸ συνδεδιωγμένον καὶ ἀπο-
τραχυνόμενον, ἐὰν τοῖς συνδέσμοις ἐξομαλίσῃς εἰς λειότητα,
ἄκεντρόν τε προσπίπτει καὶ εὐθὺς ἔσβεσται. ὥσπερ γὰρ εἴ τις 2
συνδήσειε τῶν θεόντων τὰ σώματα τὴν φορὰν αὐτῶν ἀφῄρηται,
οὕτως καὶ τὸ πάθος ὑπὸ τῶν συνδέσμων καὶ τῶν ἄλλων προσθη-
20 κῶν ἐμποδιζόμενον ἀγανακτεῖ· τὴν γὰρ ἐλευθερίαν ἀπολλύει τοῦ
δρόμου καὶ τὸ ὡς ἀπ' ὀργάνου τινὸς ἀφίεσθαι.

Τῆς δὲ αὐτῆς ἰδέας καὶ τὰ ὑπερβατὰ θετέον. ἔστι δὲ λέξεων 22
ἢ νοήσεων ἐκ τοῦ κατ' ἀκολουθίαν κεκινημένη τάξις καὶ οἱονεὶ
* * * χαρακτὴρ ἐναγωνίου πάθους ἀληθέστατος. ὡς γὰρ οἱ τῷ
25 ὄντι ὀργιζόμενοι ἢ φοβούμενοι ἢ ἀγανακτοῦντες ἢ ὑπὸ ζηλοτυπίας
ἢ ὑπὸ ἄλλου τινὸς (πολλὰ γὰρ καὶ ἀναρίθμητα πάθη καὶ οὐδ' ἂν
εἰπεῖν τις ὁπόσα δύναιτο) ἑκάστοτε παραπίπτοντες ἄλλα προθέ-
μενοι πολλάκις ἐπ' ἄλλα μεταπηδῶσι, μέσα τινὰ παρεμβάλλοντες

1 ἐπὶ κόρρης Man. e Dem.: ὡς δοῦλον P: ὅταν ὡς δοῦλον secl. Rader-
macher   6 ἂν apogr.: om. P   7–8 μὲν φύσιν] ἔμφασιν Photiades:
μεγαλοφυΐαν Vaucher   11 θέλεις apogr.: θέλοις P   20 ἀγανακτεῖ]
ἀπακμάζει Richards: ἀτονεῖ Cumanudes: ἀπακταίνει Haupt   ἀπολλύει
Finckh: ἀπολύει P   24 lacunam post οἱονεὶ indicavit Wilamowitz
26 ⟨τὰ⟩ πάθη Wilamowitz   28 παρεμβάλλοντες Janzon: παρεμβα-
λόντες P

ἀλόγως, εἶτ' αὖθις ἐπὶ τὰ πρῶτα ἀνακυκλοῦντες καὶ πάντη πρὸς
τῆς ἀγωνίας, ὡς ὑπ' ἀστάτου πνεύματος, τῇδε κἀκεῖσε ἀγχιστρό-
φως ἀντισπώμενοι τὰς λέξεις τὰς νοήσεις τὴν ἐκ τοῦ κατὰ φύσιν
εἱρμοῦ παντοίως πρὸς μυρίας τροπὰς ἐναλλάττουσι τάξιν, οὕτως
παρὰ τοῖς ἀρίστοις συγγραφεῦσι διὰ τῶν ὑπερβατῶν ἡ μίμησις 5
ἐπὶ τὰ τῆς φύσεως ἔργα φέρεται. τότε γὰρ ἡ τέχνη τέλειος ἡνίκ'
ἂν φύσις εἶναι δοκῇ, ἡ δ' αὖ φύσις ἐπιτυχὴς ὅταν λανθάνουσαν
περιέχῃ τὴν τέχνην. ὥσπερ λέγει ὁ Φωκαεὺς Διονύσιος παρὰ τῷ
Ἡροδότῳ· "ἐπὶ ξυροῦ γὰρ ἀκμῆς ἔχεται ἡμῖν τὰ πράγματα,
ἄνδρες Ἴωνες, εἶναι ἐλευθέροις ἢ δούλοις, καὶ τούτοις ὡς δραπέ- 10
τῃσι. νῦν ὦν ὑμεῖς ἢν μὲν βούλησθε ταλαιπωρίας ἐνδέχεσθαι,
παραχρῆμα μὲν πόνος ὑμῖν, οἷοί τε δὲ ἔσεσθε ὑπερβαλέσθαι τοὺς
2 πολεμίους." ἐνταῦθ' ἦν τὸ κατὰ τάξιν· "ὦ ἄνδρες Ἴωνες, νῦν
καιρός ἐστιν ὑμῖν πόνους ἐπιδέχεσθαι· ἐπὶ ξυροῦ γὰρ ἀκμῆς
ἔχεται ἡμῖν τὰ πράγματα." ὁ δὲ τὸ μὲν "ἄνδρες Ἴωνες" ὑπερ- 15
εβίβασε· προεισέβαλε γὰρ εὐθὺς ἀπὸ τοῦ φόβου, ὡς μηδ' ἀρχὴν
φθάνων πρὸς τὸ ἐφεστὼς δέος προσαγορεῦσαι τοὺς ἀκούοντας·
ἔπειτα δὲ τὴν τῶν νοημάτων ἀπέστρεψε τάξιν. πρὸ γὰρ τοῦ
φῆσαι ὅτι αὐτοὺς δεῖ πονεῖν (τοῦτο γάρ ἐστιν ὃ παρακελεύεται)
ἔμπροσθεν ἀποδίδωσι τὴν αἰτίαν δι' ἣν πονεῖν δεῖ, "ἐπὶ ξυροῦ 20
ἀκμῆς" φήσας "ἔχεται ἡμῖν τὰ πράγματα," ὡς μὴ δοκεῖν
3 ἐσκεμμένα λέγειν, ἀλλ' ἠναγκασμένα. ἔτι δὲ μᾶλλον ὁ Θουκυδίδης
καὶ τὰ φύσει πάντως ἡνωμένα καὶ ἀδιανέμητα ὅμως ταῖς ὑπερ-
βάσεσιν ἀπ' ἀλλήλων ἄγειν δεινότατος. ὁ δὲ Δημοσθένης οὐχ
οὕτως μὲν αὐθάδης ὥσπερ οὗτος, πάντων δ' ἐν τῷ γένει τούτῳ 25
κατακορέστατος καὶ πολὺ τὸ ἀγωνιστικὸν ἐκ τοῦ ὑπερβιβάζειν
καὶ ἔτι νὴ Δία τὸ ἐξ ὑπογύου λέγειν συνεμφαίνων, καὶ πρὸς
τούτοις εἰς τὸν κίνδυνον τῶν μακρῶν ὑπερβατῶν τοὺς ἀκούον-
4 τας συνεπισπώμενος· πολλάκις γὰρ τὸν νοῦν ὃν ὥρμησεν εἰπεῖν

9 sqq. Herod. 6. 11

---

9 sqq. discrepant nonnulla a codd. Her.   11 ταλαιπωρίαις P:
corr. Man.   16 γὰρ Man.: ἂν P, suprascripto οὖν: γοῦν Morus
16 ἀρχὴ P: corr. Rob.   17 ἐφεστὼς] ἐφεστὸς Spengel   18 ἀπέστρεψε]
ἀνέστρεψε Finckh   29 ὃν] ὧν Nolte

ἀνακρεμάσας, καὶ μεταξύ πως εἰς ἀλλόφυλον καὶ ἀπεοικυῖαν τάξιν
ἀλλ' ἐπ' ἄλλοις διὰ μέσου καὶ ἔξωθέν ποθεν ἐπεισκυκλῶν, εἰς
φόβον ἐμβαλὼν τὸν ἀκροατὴν ὡς ἐπὶ παντελεῖ τοῦ λόγου διαπτώ-
σει, καὶ συναποκινδυνεύειν ὑπ' ἀγωνίας τῷ λέγοντι συναναγκά-
5 σας, εἶτα παραλόγως διὰ μακροῦ τὸ πάλαι ζητούμενον εὐκαίρως
ἐπὶ τέλει που προσαποδούς, αὐτῷ τῷ κατὰ τὰς ὑπερβάσεις παρα-
βόλῳ καὶ ἀκροσφαλεῖ πολὺ μᾶλλον ἐκπλήττει. φειδὼ δὲ τῶν
παραδειγμάτων ἔστω διὰ τὸ πλῆθος.

Τά γε μὴν πολύπτωτα λεγόμενα, ἀθροισμοὶ καὶ μεταβολαὶ καὶ 23
10 κλίμακες, πάνυ ἀγωνιστικά, ὡς οἶσθα, κόσμου τε καὶ παντὸς ὕψους
καὶ πάθους συνεργά. τί δέ; αἱ τῶν πτώσεων χρόνων προσώπων
ἀριθμῶν γενῶν ἐναλλάξεις, πῶς ποτε καταποικίλλουσι καὶ ἐπεγεί-
ρουσι τὰ ἑρμηνευτικά; φημὶ δὴ τῶν κατὰ τοὺς ἀριθμοὺς οὐ μόνα 2
ταῦτα κοσμεῖν ὁπόσα τοῖς τύποις ἑνικὰ ὄντα τῇ δυνάμει κατὰ τὴν
15 ἀναθεώρησιν πληθυντικὰ εὑρίσκεται·

            αὐτίκα (φησὶ) λαὸς ἀπείρων
        θύννον ἐπ' ἠιόνεσσι διιστάμενοι κελάδησαν·

ἀλλ' ἐκεῖνα μᾶλλον παρατηρήσεως ἄξια, ὅτι ἔσθ' ὅπου προσπίπτει
τὰ πληθυντικὰ μεγαλορρημονέστερα καὶ αὐτῷ δοξοκοποῦντα
20 τῷ ὄχλῳ τοῦ ἀριθμοῦ. τοιαῦτα παρὰ τῷ Σοφοκλεῖ τὰ ἐπὶ τοῦ 3
Οἰδίπου·

            ὦ γάμοι, γάμοι,
        ἐφύσαθ' ἡμᾶς καὶ φυτεύσαντες πάλιν
        ἀνεῖτε ταὐτὸ σπέρμα κἀπεδείξατε
25   πατέρας ἀδελφοὺς παῖδας, αἷμ' ἐμφύλιον,
        νύμφας γυναῖκας μητέρας τε χὠπόσα
        αἴσχιστ' ἐν ἀνθρώποισιν ἔργα γίγνεται.

16–17 poeta incertus   22–27 Soph. OT 1403 sqq.

_____

1 μεταξύ πως Wilamowitz: μεταξὺ ὡς P   4 ὑπ' ἀγωνίας p
marg.: ὑπογωνία P: ὑπαγωνιῶντα Immisch   9 ἀθροισμοὶ] κάθροι
σμοὶ Martens   μεταβολαὶ] ἀντιμεταβολαὶ Man.   13 δὴ edd. vett.:
δὲ P   17 θύννον Vahlen: θύννων P: θινῶν [ἐπ'] M. L. West   ἐπ' del.
Wyttenbach: ἐπ' olim Vahlen   20 ὄχλῳ] ὄγκῳ Wilamowitz   24
ταὐτό] ταὐτὸν codd. Soph.: ταὐτοῦ Jebb

πάντα γὰρ ταῦτα ἓν ὄνομά ἐστιν, Οἰδίπους, ἐπὶ δὲ θατέρου
Ἰοκάστη, ἀλλ' ὅμως χυθεὶς εἰς τὰ πληθυντικὰ ὁ ἀριθμὸς συν-
επλήθυσε καὶ τὰς ἀτυχίας· καὶ ὡς ἐκεῖνα πεπλεόνασται

ἐξῆλθον Ἕκτορές τε καὶ Σαρπηδόνες·

καὶ τὸ Πλατωνικόν, ὃ καὶ ἑτέρωθι παρετεθείμεθα, ἐπὶ τῶν 5
4 Ἀθηναίων· "οὐ γὰρ Πέλοπες οὐδὲ Κάδμοι οὐδ' Αἰγύπτοί τε καὶ
Δαναοὶ οὐδ' ἄλλοι πολλοὶ φύσει βάρβαροι συνοικοῦσιν ἡμῖν, ἀλλ'
αὐτοὶ Ἕλληνες οὐ μιξοβάρβαροι οἰκοῦμεν" καὶ τὰ ἑξῆς. φύσει
γὰρ ἐξακούεται τὰ πράγματα κομπωδέστερα ἀγεληδὸν οὕτως τῶν
ὀνομάτων ἐπισυντιθεμένων. οὐ μέντοι δεῖ ποιεῖν αὐτὸ ἐπ' ἄλλων, 10
εἰ μὴ ἐφ' ὧν δέχεται τὰ ὑποκείμενα αὔξησιν ἢ πληθὺν ἢ ὑπερ-
βολὴν ἢ πάθος, ἕν τι τούτων ἢ [τὰ] πλείονα, ἐπεί τοι τὸ παντα-
24 χοῦ κώδωνας ἐξῆφθαι λίαν σοφιστικόν. ἀλλὰ μὴν καὶ τοὐναντίον
τὰ ἐκ τῶν πληθυντικῶν εἰς τὰ ἑνικὰ ἐπισυναγόμενα ἐνίοτε ὑψηλο-
φανέστατα. "ἔπειθ' ἡ Πελοπόννησος ἅπασα διειστήκει" φησί. 15
"καὶ δὴ Φρυνίχῳ δρᾶμα Μιλήτου ἅλωσιν διδάξαντι εἰς δάκρυα
⟨ἔπεσε τὸ θέατρον", ἀντὶ τοῦ⟩ "ἔπεσον οἱ θεώμενοι"· τὸ ἐκ τῶν
διηρημένων εἰς τὰ ἡνωμένα ἐπισυστρέψαι τὸν ἀριθμὸν σωματο-
2 ειδέστερον. αἴτιον δ' ἐπ' ἀμφοῖν τοῦ κόσμου ταὐτὸν οἶμαι· ὅπου
τε γὰρ ἑνικὰ ὑπάρχει τὰ ὀνόματα, τὸ πολλὰ ποιεῖν αὐτὰ παρὰ 20
δόξαν ἐμπαθοῦς· ὅπου τε πληθυντικά, τὸ εἰς ἕν τι εὔηχον συγ-
κορυφοῦν τὰ πλείονα διὰ τὴν εἰς τοὐναντίον μεταμόρφωσιν τῶν
πραγμάτων ἐν τῷ παραλόγῳ.

---

4 Trag. adesp. fr. 289 Nauck²   6 sqq. Pl. Menex. 245D
15 Dem. 18. 18   16 Herod. 6. 21

1-2 ἐπὶ ... Ἰοκάστη secl. Rohden   7-8 φύσει μὲν βάρβαροι
ὄντες νόμῳ δὲ Ἕλληνες codd. Pl.   9 ἐξακούεται] num ἐξογκοῦται?
11 ὑπερκείμενα P: corr. Petra   αὔξησιν Rob.: αὔχησιν P   12 [τὰ]
secl. Faber: καὶ Steinheil   15 ἔπειθ' ἡ Man. e Dem.: ἐπειδὴ P   17
⟨ἔπεσε τὸ θέητρον ἀντὶ τοῦ⟩ suppl. Vahlen; at non est cur Ionice θέητρον
scribas, cf. 22. 1: ⟨ἔπεσε τὸ θέατρον. τοῦ γὰρ⟩ Wilamowitz, sublata post
θεώμενοι interpunctione   ἔπεσον οἱ θεώμενοι] ἔπεσε τὸ θέητρον Tollius
20 τὸ Rob.: τὰ P   21 ἐμπαθοῦς vel ἐκπαθοῦς Faber   εὐπαθοῦς P
ὅποτε ὁπότε P: corr. Man.   23 ἐν τῷ παραλόγῳ] ἐν τῶν παραλόγων
Richards: ἐν τῷ παραλόγῳ ⟨τὸ ὑψηλοποιὸν ἔχει⟩ Rothstein

Ὅταν γε μὴν τὰ παρεληλυθότα τοῖς χρόνοις εἰσάγῃς ὡς γινό- 25
μενα καὶ παρόντα, οὐ διήγησιν ἔτι τὸν λόγον ἀλλ' ἐναγώνιον
πρᾶγμα ποιήσεις. "πεπτωκὼς δέ τις" φησὶν ὁ Ξενοφῶν "ὑπὸ
τῷ Κύρου ἵππῳ καὶ πατούμενος παίει τῇ μαχαίρᾳ εἰς τὴν
5 γαστέρα τὸν ἵππον· ὁ δὲ σφαδᾴζων ἀποσείεται τὸν Κῦρον, ὁ δὲ
πίπτει." τοιοῦτος ἐν τοῖς πλείστοις ὁ Θουκυδίδης.

Ἐναγώνιος δ' ὁμοίως καὶ ἡ τῶν προσώπων ἀντιμετάθεσις, 26
[καὶ] πολλάκις ἐν μέσοις τοῖς κινδύνοις ποιοῦσα τὸν ἀκροατὴν
δοκεῖν στρέφεσθαι·

10   φαίης κ' ἀκμῆτας καὶ ἀτειρέας . . .
        ἄντεσθ' ἐν πολέμῳ· ὡς ἐσσυμένως ἐμάχοντο.

καὶ ὁ Ἄρατος·

        μὴ κείνῳ ἐνὶ μηνὶ περικλύζοιο θαλάσσῃ.

ὧδέ που καὶ ὁ Ἡρόδοτος· "ἀπὸ δὲ Ἐλεφαντίνης πόλεως ἄνω 2
15 πλεύσεαι, καὶ ἔπειτα ἀφίξῃ ἐς πεδίον λεῖον· διεξελθὼν δὲ τοῦτο
τὸ χωρίον αὖθις εἰς ἕτερον πλοῖον ἐμβὰς πλεύσεαι δύ' ἡμέρας,
ἔπειτα ἥξεις ἐς πόλιν μεγάλην, ᾗ ὄνομα Μερόη." ὁρᾷς, ὦ ἑταῖρε,
ὡς παραλαβών σου τὴν ψυχὴν διὰ τῶν τόπων ἄγει τὴν ἀκοὴν
ὄψιν ποιῶν; πάντα δὲ τὰ τοιαῦτα πρὸς αὐτὰ ἀπερειδόμενα τὰ
20 πρόσωπα ἐπ' αὐτῶν ἵστησι τὸν ἀκροατὴν τῶν ἐνεργουμένων. καὶ 3
ὅταν ὡς οὐ πρὸς ἅπαντας, ἀλλ' ὡς πρὸς μόνον τινὰ λαλῇς—

        Τυδείδην δ' οὐκ ἂν γνοίης ποτέροισι μετείη—

ἐμπαθέστερόν τε αὐτὸν ἅμα καὶ προσεκτικώτερον καὶ ἀγῶνος
ἔμπλεων ἀποτελέσεις, ταῖς εἰς ἑαυτὸν προσφωνήσεσιν ἐξεγειρό-
25 μενον.

Ἔτι γε μὴν ἔσθ' ὅτε περὶ προσώπου διηγούμενος ὁ συγγραφεὺς 27

---

3 Xen. *Cyr.* 7. 1. 37   10 Hom. *O* 697   13 Aratus, *Phaen.*
287   14 Herod. 2. 29. 2-6: sed et multa omisit noster et pleraque
ad Attici sermonis normam accommodavit   22 Hom. *E* 85

5-6 ὁ δὲ πίπτει om. codd. Xen.   8 [καὶ] seclusi   10 ἀτείρεας
ἀλλήλοισιν Hom.: ἀλλήλοις add. K marg.   16 δύ'] δυώδεκα Man.
24 ἐξεγειρόμενον Faber: ἐξεγειρόμενος P

ἐξαίφνης παρενεχθεὶς εἰς τὸ αὐτὸ πρόσωπον ἀντιμεθίσταται, καὶ
ἔστι τὸ τοιοῦτον εἶδος ἐκβολή τις πάθους·

> Ἕκτωρ δὲ Τρώεσσιν ἐκέκλετο μακρὸν ἀΰσας
> νηυσὶν ἐπισσεύεσθαι, ἐᾶν δ' ἔναρα βροτόεντα·
> "ὃν δ' ἂν ἐγὼν ἀπάνευθε νεῶν ἐθέλοντα νοήσω,   5
> αὐτοῦ οἱ θάνατον μητίσομαι."

οὐκοῦν τὴν μὲν διήγησιν ἅτε πρέπουσαν ὁ ποιητὴς προσῆψεν
ἑαυτῷ, τὴν δ' ἀπότομον ἀπειλὴν τῷ θυμῷ τοῦ ἡγεμόνος ἐξαπί-
νης οὐδὲν προδηλώσας περιέθηκεν· ἐψύχετο γὰρ εἰ παρενετίθει·
"ἔλεγε δὲ τοῖά τινα καὶ τοῖα ὁ Ἕκτωρ," νυνὶ δ' ἔφθακεν ἄφνω τὸν   10
2 μεταβαίνοντα ἡ τοῦ λόγου μετάβασις. διὸ καὶ ἡ πρόσχρησις τοῦ
σχήματος τότε ἡνίκ' ἂν ὀξὺς ὁ καιρὸς ὢν διαμέλλειν τῷ γράφοντι
μὴ διδῷ, ἀλλ' εὐθὺς ἐπαναγκάζῃ μεταβαίνειν ἐκ προσώπων εἰς
πρόσωπα, ὡς καὶ παρὰ τῷ Ἑκαταίῳ· "Κῆϋξ δὲ ταῦτα δεινὰ
ποιούμενος αὐτίκα ἐκέλευε τοὺς ['Ηρακλείδας] ἐπιγόνους ἐκ-   15
χωρεῖν· οὐ γὰρ ὑμῖν δυνατός εἰμι ἀρήγειν. ὡς μὴ ὢν αὐτοί τε
3 ἀπόλησθε κἀμὲ τρώσητε, ἐς ἄλλον τινὰ δῆμον ἀποίχεσθε." ὁ μὲν
γὰρ Δημοσθένης κατ' ἄλλον τινὰ τρόπον ἐπὶ τοῦ Ἀριστογείτονος
ἐμπαθὲς τὸ πολυπρόσωπον καὶ ἀγχίστροφον παρέστακεν. "καὶ
οὐδεὶς ὑμῶν χολήν" φησίν "οὐδ' ὀργὴν ἔχων εὑρεθήσεται ἐφ' οἷς   20
ὁ βδελυρὸς οὗτος καὶ ἀναιδὴς βιάζεται; ὅς, ὦ μιαρώτατε ἁπάντων,
κεκλειμένης σοι τῆς παρρησίας οὐ κιγκλίσιν οὐδὲ θύραις, ἃ καὶ
παρανοίξειεν ἄν τις"—ἐν ἀτελεῖ τῷ νῷ ταχὺ διαλλάξας καὶ μόνον

3–6 Hom. O 346–9   14 Hecataeus F 30, T 20 FGrHist 1
19 sqq. [Dem.] 25. 27, cf. Alexander (Spengel iii. 33)

5 ἐθέλοντα] ἑτέρωθι Hom., sed cf. B 391   7 πρέπουσαν Rob.:
τρέπουσαν P   11 πρόσχρησις Man.: πρόχρησις P   12 ἡνίκ' ἂν Jahn:
ἡνίκα P   15 ['Ηρακλείδας] seclusi: 'Ηρακλείους von Scheliha: ἐπιγό-
νους secl. Toup: ⟨καὶ τοὺς τοῦ Λικυμνίου⟩ ἐπιγόνους Morus   16 ὑμῖν
Stephanus: ἡμῖν P   17 ἀπόλησθε ... τρώσητε Rob.: ἀπόλεσθε ...
τρώσετε P   ἀποίχεσθε apogr.: ἀποίχεσθαι P   20 χολήν Dem.:
σχολήν P   εὑρεθήσεται etiam Alexander: φανήσεται codd. Dem.
21 οὗτος etiam Alexander: om. codd. Dem.   ἀναιδὴς ἄνθρωπος codd.
Dem.: ἄνθρωπος om. etiam Alexander   βιάζεται τοὺς νόμους codd.
Dem.: τοὺς νόμους om. etiam Alexander

οὐ μίαν λέξιν διὰ τὸν θυμὸν εἰς δύο διασπάσας πρόσωπα "ὅς, ὦ
μιαρώτατε," εἶτα [τὸν] πρὸς τὸν Ἀριστογείτονα ⟨τὸν⟩ λόγον
ἀποστρέψας καὶ ἀπολιπεῖν δοκῶν, ὅμως διὰ τοῦ πάθους πολὺ
πλέον ἐπέστρεψεν. οὐκ ἄλλως ἡ Πηνελόπη·　　　　4

5　κῆρυξ, τίπτε δέ σε πρόεσαν μνηστῆρες ἀγαυοί
εἰπέμεναι δμωῇσιν Ὀδυσσῆος θείοιο
ἔργων παύσασθαι, σφίσι δ' αὐτοῖς δαῖτα πένεσθαι;
μὴ μνηστεύσαντες μηδ' ἄλλοθ' ὁμιλήσαντες,
ὕστατα καὶ πύματα νῦν ἐνθάδε δειπνήσειαν,
10　οἳ θάμ' ἀγειρόμενοι βίοτον κατακείρετε πολλόν
　　. . . οὐδέ τι πατρῶν
ὑμετέρων τῶν πρόσθεν ἀκούετε παῖδες ἐόντες,
οἷος Ὀδυσσεὺς ἔσκε.

Καὶ μέντοι περίφρασις ὡς οὐχ ὑψηλοποιόν, οὐδεὶς ἂν οἶμαι 28
15 διστάσειεν. ὡς γὰρ ἐν μουσικῇ διὰ τῶν παραφώνων καλουμένων
ὁ κύριος φθόγγος ἡδίων ἀποτελεῖται, οὕτως ἡ περίφρασις πολ-
λάκις συμφθέγγεται τῇ κυριολογίᾳ καὶ εἰς κόσμον ἐπὶ πολὺ
συνηχεῖ, καὶ μάλιστ' ἂν μὴ ἔχῃ φυσῶδές τι καὶ ἄμουσον ἀλλ'
ἡδέως κεκραμένον. ἱκανὸς δὲ τοῦτο τεκμηριῶσαι καὶ Πλάτων 2
20 κατὰ τὴν εἰσβολὴν τοῦ Ἐπιταφίου· "ἔργῳ μὲν ἡμῖν οἵδ' ἔχουσι
τὰ προσήκοντα σφίσιν αὐτοῖς, ὧν τυχόντες πορεύονται τὴν εἱμαρ-
μένην πορείαν, προπεμφθέντες κοινῇ μὲν ὑπὸ τῆς πόλεως, ἰδίᾳ
δὲ ἕκαστος ὑπὸ τῶν προσηκόντων." οὐκοῦν τὸν θάνατον εἶπεν
εἱμαρμένην πορείαν, τὸ δὲ τετυχηκέναι τῶν νομιζομένων προπομ-
25 πήν τινα δημοσίαν ὑπὸ τῆς πατρίδος. ἆρα δὴ τούτοις μετρίως
ὤγκωσε τὴν νόησιν; ἢ ψιλὴν λαβὼν τὴν λέξιν ἐμελοποίησε,
καθάπερ ἁρμονίαν τινὰ τὴν ἐκ τῆς περιφράσεως περιχεάμενος
εὐμέλειαν; καὶ Ξενοφῶν· "πόνον δὲ τοῦ ζῆν ἡδέως ἡγεμόνα 3

5 sqq. Hom. δ 681 sqq. (11 κτῆσιν Τηλεμάχοιο δαΐφρονος)　　20 sqq.
Pl. Menex. 236D　　28 Xen. Cyr. 1. 5. 12 (πόνους . . . ἡγεμόνας)

2 [τὸν] del. Tollius　　⟨τὸν⟩ add. Weiske　　4 ἢ Πηνελόπην P : corr.
Faber　　6 ἢ εἰπέμεναι codd. Hom.　　12 τῶν] τὸ Hom.　　14 οὐχ del.
Portus　　19 ἡδέως Man. : ἀδεῶς P : ⟨ἢ⟩ ἡδέως Wilamowitz　　23
ἕκαστος om. codd. Plat.　　προσηκόντων] οἰκείων codd. Plat.　　25 ἄρα
P : corr. Man.　　26 ἢ] ᾗ (quatenus) Pearce : ἦν . . . τῇ λέξει Morus : an καὶ?

νομίζετε· κάλλιστον δὲ πάντων καὶ πολεμικώτατον κτῆμα εἰς τὰς
ψυχὰς συγκεκόμισθε· ἐπαινούμενοι γὰρ μᾶλλον ἢ τοῖς ἄλλοις πᾶσι
χαίρετε''· ἀντὶ τοῦ πονεῖν θέλετε ''πόνον ἡγεμόνα τοῦ ζῆν ἡδέως
ποιεῖσθε'' εἰπὼν καὶ τἄλλ' ὁμοίως ἐπεκτείνας μεγάλην τινὰ
4 ἔννοιαν τῷ ἐπαίνῳ προσπεριωρίσατο. καὶ τὸ ἀμίμητον ἐκεῖνο τοῦ 5
Ἡροδότου· ''τῶν δὲ Σκυθέων τοῖς συλήσασι τὸ ἱερὸν ἐνέβαλεν ἡ
θεὸς θήλειαν νοῦσον.''

29 Ἐπίκηρον μέντοι [τὸ] πρᾶγμα ἡ περίφρασις τῶν ἄλλων πλέον,
εἰ μὴ σὺν μέτρῳ τινὶ λαμβάνοιτο· εὐθὺς γὰρ ἀβλεμὲς προσπίπτει,
κουφολογίας τε ὄζον καὶ παχύτητος· ὅθεν καὶ τὸν Πλάτωνα 10
(δεινὸς γὰρ ἀεὶ περὶ ⟨τὸ⟩ σχῆμα κἄν τισιν ἀκαίρως) ἐν τοῖς
Νόμοις λέγοντα ''ὡς οὔτε ἀργυροῦν δεῖ πλοῦτον οὔτε χρυσοῦν ἐν
πόλει ἱδρυμένον ἐᾶν οἰκεῖν'' διαχλευάζουσιν, ὡς εἰ πρόβατα, φησίν,
ἐκώλυε κεκτῆσθαι, δῆλον ὅτι προβάτειον ἂν καὶ βόειον πλοῦτον
ἔλεγεν. 15

2 Ἀλλὰ γὰρ ἅλις ὑπὲρ τῆς εἰς τὰ ὑψηλὰ τῶν σχημάτων χρήσεως
ἐκ παρενθήκης τοσαῦτα πεφιλολογῆσθαι, Τερεντιανὲ φίλτατε·
πάντα γὰρ ταῦτα παθητικωτέρους καὶ συγκεκινημένους ἀποτελεῖ
τοὺς λόγους· πάθος δὲ ὕψους μετέχει τοσοῦτον, ὁπόσον ἦθος
ἡδονῆς. 20

30 Ἐπειδὴ μέντοι ἡ τοῦ λόγου νόησις ἥ τε φράσις τὰ πλείω δι'
ἑκατέρου διέπτυκται, ἴθι δή, [ἂν] τοῦ φραστικοῦ μέρους εἴ τινα
λοιπὰ ἔτι, προσεπιθεασώμεθα. ὅτι μὲν τοίνυν ἡ τῶν κυρίων καὶ
μεγαλοπρεπῶν ὀνομάτων ἐκλογὴ θαυμαστῶς ἄγει καὶ κατακηλεῖ
τοὺς ἀκούοντας καὶ ὡς πᾶσι τοῖς ῥήτορσι καὶ συγγραφεῦσι κατ' 25
ἄκρον ἐπιτήδευμα, μέγεθος ἅμα κάλλος εὐπίνειαν βάρος ἰσχὺν
κράτος, ἔτι δὲ γάνωσίν τινα, τοῖς λόγοις ὥσπερ ἀγάλμασι καλ-
λίστοις δι' αὐτῆς ἐπανθεῖν παρασκευάζουσα, καὶ οἱονεὶ ψυχήν τινα

6 Herod. 1. 105   12 Pl. Leges 801B

8 [τὸ] del.Weiske, qui et glossam olere ἡ περίφρασις censet   9 σὺν
μέτρῳ Morus : συμμέτρως P   10 παχύτητος Man. : παχύτατον P   11 ⟨τὸ⟩
σχῆμα Man.   ἀκαίρως] ἄκαιρος Schurzfleisch   13 φησίν] φασίν Man.
21 δι' Man. : δὲ P   22 [ἂν] seclusi : αὐτοῦ Morus   εἴ] ἦ Spengel   25–
26 κατ' ἄκρον] κατάκορον Rohde   27 γάνωσιν censor Jenensis : τἂν ὦσι P

τοῖς πράγμασι φωνητικὴν ἐντιθεῖσα, μὴ καὶ περιττὸν ᾖ πρὸς
εἰδότας διεξιέναι. φῶς γὰρ τῷ ὄντι ἴδιον τοῦ νοῦ τὰ καλὰ ὀνό-
ματα. ὁ μέντοι γε ὄγκος αὐτῶν οὐ πάντη χρειώδης, ἐπεὶ τοῖς 2
μικροῖς πραγματίοις περιτιθέναι μεγάλα καὶ σεμνὰ ὀνόματα
5 ταὐτὸν ἂν φαίνοιτο ὡς εἴ τις τραγικὸν προσωπεῖον μέγα παιδὶ
περιθείη νηπίῳ· πλὴν ἐν μὲν ποιήσει καὶ ἱ⟨στορίᾳ⟩ . . .

.   .   .   .

. . . πτικώτατον καὶ γόνιμον †τὸ δ᾿ Ἀνακρέοντος οὐκέτι† 31
"Θρηικίης ⟨πώλου⟩ ἐπιστρέφομαι." ταύτῃ καὶ τὸ τοῦ Θεοπόμ-
που ἐκεῖνο ἐπαινετὸν διὰ τὸ ἀνάλογον ἔμοιγε σημαντικώτατα ἔχειν
10 δοκεῖ· ὅπερ ὁ Καικίλιος οὐκ οἶδ᾿ ὅπως καταμέμφεται· "δεινὸς
ὤν" φησίν "ὁ Φίλιππος ἀναγκοφαγῆσαι πράγματα." ἔστιν ἄρ᾿
ὁ ἰδιωτισμὸς ἐνίοτε τοῦ κόσμου παρὰ πολὺ ἐμφανιστικώτερον·
ἐπιγινώσκεται γὰρ αὐτόθεν ἐκ τοῦ κοινοῦ βίου, τὸ δὲ σύνηθες
ἤδη πιστότερον. οὐκοῦν ἐπὶ τοῦ τὰ αἰσχρὰ καὶ ῥυπαρὰ τλημόνως
15 καὶ μεθ᾿ ἡδονῆς ἕνεκα πλεονεξίας καρτεροῦντος τὸ ἀναγκοφαγεῖν
τὰ πράγματα ἐναργέστατα παρείληπται. ὧδέ πως ἔχει καὶ τὰ 2
Ἡροδότεια· "ὁ Κλεομένης" φησί "μανεὶς τὰς ἑαυτοῦ σάρκας
ξιφιδίῳ κατέτεμεν εἰς λεπτά, ἕως ὅλον καταχορδεύων ἑαυτὸν
διέφθειρεν" καὶ "ὁ Πύθης ἕως τοῦδε ἐπὶ τῆς νεὼς ἐμάχετο, ἕως
20 ἅπας κατεκρεουργήθη." ταῦτα γὰρ ἐγγὺς παραξύει τὸν ἰδιώτην,
ἀλλ᾿ οὐκ ἰδιωτεύει τῷ σημαντικῶς.

Περὶ δὲ πλήθους [καὶ] μεταφορῶν ὁ μὲν Καικίλιος ἔοικε συγ- 32
κατατίθεσθαι τοῖς δύο ἢ τὸ πλεῖστον τρεῖς ἐπὶ ταὐτοῦ νομοθετοῦσι

7 Anacreon, fr. 96 Bergk   10 Theopompus F 262, FGrHist 115
17 sqq. Herod. 6. 75   19 sqq. Herod. 7. 181

1–2 πρὸς εἰδότας] πρὸς εἰδότα σε Tollius   6 ἱ⟨στορίᾳ⟩ Tollius desunt
quattuor folia in P   7 θρεπτικώτατον p   †τὸ δ᾿ Ἀνακρέοντος] num
τὸ τἀνακρέοντος?   8 ⟨πώλου⟩ add. Bergk   9 ἐκεῖνο ἐπαι-
νετόν· Hammer: ego non ita fortiter interpungendum censeo: καὶ τὸν
ἐπήνετον P: κεκαινοτομημένον Wilamowitz: καίτοι ⟨κοινὸν ὄν⟩ ἐπαινετόν
(διὰ . . . δοκεῖ) Wenkebach   11 ⟨τὰ⟩ πράγματα Morus   21 ση-
μαντικῶς] σημαντικῷ Rob.   22 [καὶ] del. Rob.: καὶ ⟨τόλμης⟩
Tollius: καὶ ⟨συνεχείας⟩, ex. gr., Lebègue   23 τοῖς Rob.:
τοὺς P

τάττεσθαι. ὁ γὰρ Δημοσθένης ὅρος καὶ τῶν τοιούτων· ὁ τῆς χρείας δὲ καιρός, ἔνθα τὰ πάθη χειμάρρου δίκην ἐλαύνεται καὶ τὴν πολυπλήθειαν αὐτῶν ὡς ἀναγκαίαν ἐνταῦθα συνεφέλκεται.

2 "ἄνθρωποι" φησί "μιαροὶ καὶ κόλακες, ἠκρωτηριασμένοι τὰς ἑαυτῶν ἕκαστοι πατρίδας, τὴν ἐλευθερίαν προπεπωκότες πρότερον 5 Φιλίππῳ, νυνὶ δὲ Ἀλεξάνδρῳ, τῇ γαστρὶ μετροῦντες καὶ τοῖς αἰσχίστοις τὴν εὐδαιμονίαν, τὴν δ' ἐλευθερίαν καὶ τὸ μηδένα ἔχειν δεσπότην, ἃ τοῖς πρότερον Ἕλλησιν ὅροι τῶν ἀγαθῶν ἦσαν καὶ κανόνες, ἀνατετροφότες." ἐνταῦθα τῷ πλήθει τῶν τροπικῶν
3 ὁ κατὰ τῶν προδοτῶν ἐπιπροσθεῖ τοῦ ῥήτορος θυμός. διόπερ ἱ ὁ μὲν Ἀριστοτέλης καὶ ὁ Θεόφραστος μειλίγματά φασί τινα τῶν θρασειῶν εἶναι ταῦτα μεταφορῶν, τὸ "ὡσπερεὶ" φάναι καὶ "οἰονεὶ" καὶ "εἰ χρὴ τοῦτον εἰπεῖν τὸν τρόπον" καὶ "εἰ δεῖ παρακινδυνευτικώτερον λέξαι"· ἡ γὰρ ὑποτίμησις, φασίν, ἰᾶται
4 τὰ τολμηρά. ἐγὼ δὲ καὶ ταῦτα μὲν ἀποδέχομαι, ὅμως δὲ πλήθους 15 καὶ τόλμης μεταφορῶν, ὅπερ ἔφην κἀπὶ τῶν σχημάτων, τὰ εὔκαιρα καὶ σφοδρὰ πάθη καὶ τὸ γενναῖον ὕψος εἶναί φημι ἴδιά τινα ἀλεξιφάρμακα, ὅτι τῷ ῥοθίῳ τῆς φορᾶς ταυτὶ πέφυκεν ἅπαντα τἆλλα παρασύρειν καὶ προωθεῖν, μᾶλλον δὲ καὶ ὡς ἀναγκαῖα πάντως εἰσπράττεσθαι τὰ παράβολα, καὶ οὐκ ἐᾷ τὸν 20 ἀκροατὴν σχολάζειν περὶ τὸν τοῦ πλήθους ἔλεγχον διὰ τὸ συνεν-
5 θουσιᾶν τῷ λέγοντι. ἀλλὰ μὴν ἔν γε ταῖς τοπηγορίαις καὶ δια- γραφαῖς οὐκ ἄλλο τι οὕτως κατασημαντικὸν ὡς οἱ συνεχεῖς καὶ ἐπάλληλοι τρόποι. δι' ὧν καὶ παρὰ Ξενοφῶντι ἡ τἀνθρωπίνου σκήνους ἀνατομὴ πομπικῶς καὶ ἔτι μᾶλλον ἀναζωγραφεῖται θείως 25 παρὰ τῷ Πλάτωνι. τὴν μὲν κεφαλὴν αὐτοῦ φησιν ἀκρόπολιν, ἰσθμὸν δὲ μέσον διῳκοδομῆσθαι μεταξὺ τοῦ στήθους τὸν αὐχένα,

4 sqq. Dem. 18. 296   11 cf. Arist. fr. 131 Rose   24 Xen.
Mem. 1. 4. 5 sqq.   26–p. 39, 21 loci ex Pl. Tim. 65C–85E desumpti
26 ibid. 70A6   27 ibid. 69E1

1–2 ὁ γὰρ . . . ὁ τῆς χρείας δὲ] ὁ δὲ . . . ὁ τῆς χρείας γὰρ Schück, fortasse recte   4–6 discrepant nonnulla a codd. Dem.   10 ἐπιπροσθεῖ Rob.: ἐπίπροσθε P   12 θρασέων P: corr. Faber   τὸ Spengel: τὰ P   16 κἀπὶ Stephanus: κάπειτα P   18 ἀλεξιφάρκακα P

σφονδύλους τε ὑπεστηρίχθαι φησὶν οἷον στρόφιγγας, καὶ τὴν μὲν
ἡδονὴν ἀνθρώποις εἶναι κακοῦ δέλεαρ, γλῶσσαν δὲ γεύσεως
δοκίμιον· ἄναμμα δὲ τῶν φλεβῶν τὴν καρδίαν καὶ πηγὴν τοῦ
περιφερομένου σφοδρῶς αἵματος, εἰς τὴν δορυφορικὴν οἴκησιν
5 κατατεταγμένην· τὰς δὲ διαδρομὰς τῶν πόρων ὀνομάζει στενω-
πούς· "τῇ δὲ πηδήσει τῆς καρδίας ἐν τῇ τῶν δεινῶν προσδοκίᾳ
καὶ τῇ τοῦ θυμοῦ ἐπεγέρσει, ἐπειδὴ διάπυρος ἦν, ἐπικουρίαν
μηχανώμενοι" φησί "τὴν τοῦ πλεύμονος ἰδέαν ἐνεφύτευσαν,
μαλακὴν καὶ ἄναιμον καὶ σήραγγας ἐντὸς ἔχουσαν οἷον μά-
10 λαγμα, ἵν' ὁ θυμὸς ὁπότ' ἐν αὐτῇ ζέσῃ πηδῶσα εἰς ὑπεῖκον μὴ
λυμαίνηται." καὶ τὴν μὲν τῶν ἐπιθυμιῶν οἴκησιν προσεῖπεν ὡς
γυναικωνῖτιν, τὴν τοῦ θυμοῦ δὲ ὥσπερ ἀνδρωνῖτιν· τόν γε μὴν
σπλῆνα τῶν ἐντὸς μαγεῖον, ὅθεν πληρούμενος τῶν ἀποκαθαιρο-
μένων μέγας καὶ ὕπουλος αὔξεται. "μετὰ δὲ ταῦτα σαρξὶ πάντα"
15 φησί "κατεσκίασαν, προβολὴν τῶν ἔξωθεν τὴν σάρκα, οἷον τὰ
πιλήματα, προθέμενοι·" νομὴν δὲ σαρκῶν ἔφη τὸ αἷμα· " τῆς δὲ
τροφῆς ἕνεκα" φησί "διωχέτευσαν τὸ σῶμα, τέμνοντες ὥσπερ
ἐν κήποις ὀχετούς, ὡς ἔκ τινος νάματος ἐπιόντος, †ἀραιοῦ† ὄντος
αὐλῶνος τοῦ σώματος, τὰ τῶν φλεβῶν ῥέοι νάματα." ἡνίκα δὲ ἡ
20 τελευτὴ παραστῇ, λύεσθαί φησι τὰ τῆς ψυχῆς οἱονεὶ νεὼς πεί-
σματα, μεθεῖσθαί τε αὐτὴν ἐλευθέραν. ταῦτα καὶ τὰ παραπλήσια 6
μυρί' ἄττα ἐστὶν ἑξῆς· ἀπόχρη * * δεδηλωμένα, ὡς μεγάλαι τε
φύσιν εἰσὶν αἱ τροπικαί, καὶ ὡς ὑψηλοποιὸν αἱ μεταφοραί, καὶ

1 ibid. 74A2   2 ibid. 69D1, 65C7   3–4 ibid. 70A7–B2
5 ibid. 70B6   6–11 ibid. 70C1 sqq.   11–12 cf. ibid. 69E6 sqq.
13 ibid. 72C6   14–16 ibid. 74B, 74D   16 ibid. 80E6   16–19 ibid.
77C, 79A   19–21 ibid. 85E

2 κακοῦ codd. Pl.: κακὸν P: κακῶν Man. (malorum, Cic. Cat.
Mai. 13. 44)   3 ἄναμμα P: ἄμμα vel ἅμα codd. Pl., Galen.
8 φησί Tollius: φασί P   ἐνεφύτευσαν Man. e Plat.: ἐνεφύτευσε P
9 ὁποῖον P: οἷον Toup   μάλαγμα] ἅλμα μαλακὸν vel ἅμμα μαλακὸν
codd. Plat.   13 μαγεῖον Vossius: μάγειον P, ῥεῖ suprascr. p (i.e. coqui-
nam)   15 φησί Rob.: φύσιν P   16 πιλήματα Toup: πιλητὰ
codd. Plat.: πηδήματα P   18–19 ἀραιοῦ . . . αὐλῶνος] ἄρδοιτο καὶ ὡς δι'
αὐλῶνος Wilamowitz   22 ἀπόχρη ⟨δὲ τὰ⟩ p: plura deesse suspicor:
expectes 'sufficiunt autem quae enumeravi ad demonstrandum . . .'
23 τροπικαί] τροπαί Man.   φύσιν] num φύσεις?

ὅτι οἱ παθητικοὶ καὶ φραστικοὶ κατὰ τὸ πλεῖστον αὐταῖς χαίρουσι
7 τόποι. ὅτι μέντοι καὶ ἡ χρῆσις τῶν τρόπων, ὥσπερ τἆλλα πάντα
καλὰ ἐν λόγοις, προαγωγὸν ἀεὶ πρὸς τὸ ἄμετρον, δῆλον ἤδη, κἂν
ἐγὼ μὴ λέγω. ἐπὶ γὰρ τούτοις καὶ τὸν Πλάτωνα οὐχ ἥκιστα
διασύρουσι, πολλάκις ὥσπερ ὑπὸ βακχείας τινὸς τῶν λόγων εἰς 5
ἀκράτους καὶ ἀπηνεῖς μεταφορὰς καὶ εἰς ἀλληγορικὸν στόμφον
ἐκφερόμενον. "οὐ γὰρ ῥᾴδιον ἐπινοεῖν" φησίν "ὅτι πόλιν εἶναι
⟨δεῖ⟩ δίκην κρατῆρος κεκερασμένην, οὗ μαινόμενος μὲν οἶνος
ἐγκεχυμένος ζεῖ, κολαζόμενος δ' ὑπὸ νήφοντος ἑτέρου θεοῦ, καλὴν
κοινωνίαν λαβών, ἀγαθὸν πόμα καὶ μέτριον ἀπεργάζεται." νήφον- 10
τα γάρ, φασί, θεὸν τὸ ὕδωρ λέγειν, κόλασιν δὲ τὴν κρᾶσιν, ποιητοῦ
8 τινος τῷ ὄντι οὐχὶ νήφοντός ἐστι. τοῖς τοιούτοις ἐλαττώμασιν
ἐπιχειρῶν †ὅμως αὐτὸ καὶ† ὁ Καικίλιος ἐν τοῖς ὑπὲρ Λυσίου
συγγράμμασιν ἀπεθάρρησε τῷ παντὶ Λυσίαν ἀμείνω Πλάτωνος
ἀποφήνασθαι, δυσὶ πάθεσι χρησάμενος ἀκρίτοις· φιλῶν γὰρ τὸν 15
Λυσίαν ὡς οὐδ' αὐτὸς αὑτόν, ὅμως μᾶλλον μισεῖ [τῷ παντὶ]
Πλάτωνα ἢ Λυσίαν φιλεῖ. πλὴν οὗτος μὲν ὑπὸ φιλονικίας, οὐδὲ
τὰ θέματα ὁμολογούμενα, καθάπερ ᾠήθη. ὡς γὰρ ἀναμάρτητον
καὶ καθαρὸν τὸν ῥήτορα προφέρει πολλαχῇ διημαρτημένου τοῦ
Πλάτωνος· τὸ δ' ἦν ἄρα οὐχὶ τοιοῦτον, οὐδὲ ὀλίγου δεῖ. 20

33 Φέρε δή, λάβωμεν τῷ ὄντι καθαρόν τινα συγγραφέα καὶ
ἀνέγκλητον. ἆρ' οὐκ ἄξιόν ἐστι διαπορῆσαι περὶ αὐτοῦ τούτου
καθολικῶς, πότερόν ποτε κρεῖττον ἐν ποιήμασι καὶ λόγοις μέγεθος
ἐν ἐνίοις διημαρτημένον ἢ τὸ σύμμετρον μὲν ἐν τοῖς κατορθώμασιν
ὑγιὲς δὲ πάντη καὶ ἀδιάπτωτον; καὶ ἔτι νὴ Δία πότερόν ποτε αἱ 25
πλείους ἀρεταὶ τὸ πρωτεῖον ἐν λόγοις ἢ αἱ μείζους δικαίως ἂν
φέροιντο; ἔστι γὰρ ταῦτ' οἰκεῖα τοῖς περὶ ὕψους σκέμματα, καὶ

7 Pl. Leges 773C–D   13 Caecilius, fr. 150 Ofenloch

7 ἐπινοεῖν] ἐννοεῖν codd. Plat.   8 ⟨δεῖ⟩ add. Man. ex Plat.
κεκερασμένην] κεκραμένην codd. Plat.   9 ἐγκεχυμένος Man. ex
Plat.: ἐκκεχυμένος P   10 πόμα] πῶμα codd. Plat.   13 †ὅμως
αὐτὸ καὶ†] ὅμως αὐτόθεν Man.   15 ἀκρίτοις suspectum: num ἀκρίτως ρ̣
16 [τῷ παντὶ] secl. Weiske)   17 φιλονικίας scripsi: φιλονεικίας P
18 θέματα ⟨τίθησι⟩ Reiske   22 ἐστι apog.: ἔτι P   24 διημαρτη-
μένον Man.: διημαρτημένοις P

ἐπικρίσεως ἐξ ἅπαντος δεόμενα. ἐγὼ δ' οἶδα μὲν ὡς αἱ ὑπερ- 2
μεγέθεις φύσεις ἥκιστα καθαραί· ⟨τὸ⟩ γὰρ ἐν παντὶ ἀκριβὲς
κίνδυνος μικρότητος, ἐν δὲ τοῖς μεγέθεσιν, ὥσπερ ἐν τοῖς ἄγαν
πλούτοις, εἶναί τι χρὴ καὶ παρολιγωρούμενον· μήποτε δὲ τοῦτο
5 καὶ ἀναγκαῖον ᾖ, τὸ τὰς μὲν ταπεινὰς καὶ μέσας φύσεις διὰ τὸ
μηδαμῇ παρακινδυνεύειν μηδὲ ἐφίεσθαι τῶν ἄκρων ἀναμαρτή-
τους ὡς ἐπὶ τὸ πολὺ καὶ ἀσφαλεστέρας διαμένειν, τὰ δὲ μεγάλα
ἐπισφαλῆ δι' αὐτὸ γίνεσθαι τὸ μέγεθος. ἀλλὰ μὴν οὐδὲ ἐκεῖνο 3
ἀγνοῶ τὸ δεύτερον, ὅτι φύσει πάντα τὰ ἀνθρώπεια ἀπὸ τοῦ
10 χείρονος ἀεὶ μᾶλλον ἐπιγινώσκεται καὶ τῶν μὲν ἁμαρτημάτων
ἀνεξάλειπτος ἡ μνήμη παραμένει, τῶν καλῶν δὲ ταχέως ἀπορρεῖ.
παρατεθειμένος δ' οὐκ ὀλίγα καὶ αὐτὸς ἁμαρτήματα καὶ Ὁμήρου 4
καὶ τῶν ἄλλων ὅσοι μέγιστοι, καὶ ἥκιστα τοῖς πταίσμασιν ἀρεσκό-
μενος, ὅμως δὲ οὐχ ἁμαρτήματα μᾶλλον αὐτὰ ἑκούσια καλῶν ἢ
15 παροράματα δι' ἀμέλειαν εἰκῇ που καὶ ὡς ἔτυχεν ὑπὸ μεγαλο-
φυΐας ἀνεπιστάτως παρενηνεγμένα, οὐδὲν ἧττον οἶμαι τὰς μείζο-
νας ἀρετάς, εἰ καὶ μὴ ἐν πᾶσι διομαλίζοιεν, τὴν τοῦ πρωτείου
ψῆφον μᾶλλον ἀεὶ φέρεσθαι, κἂν εἰ μηδενὸς ἑτέρου, τῆς μεγαλο-
φροσύνης αὐτῆς ἕνεκα· ἐπείτοιγε καὶ ἄπτωτος ὁ Ἀπολλών⟨ιος
20 ἐν τοῖς⟩ Ἀργοναύταις ποιητής, κἂν τοῖς βουκολικοῖς πλὴν ὀλίγων
τῶν ἔξωθεν ὁ Θεόκριτος ἐπιτυχέστατος· ἆρ' οὖν Ὅμηρος ἂν
μᾶλλον ἢ Ἀπολλώνιος ἐθέλοις γενέσθαι; τί δέ; Ἐρατοσθένης ἐν 5
τῇ Ἠριγόνῃ (διὰ πάντων γὰρ ἀμώμητον τὸ ποιημάτιον) Ἀρχι-
λόχου πολλὰ καὶ ἀνοικονόμητα παρασύροντος, κἀκείνης τῆς
25 ἐκβολῆς τοῦ δαιμονίου πνεύματος ἣν ὑπὸ νόμον τάξαι δύσκολον,

22-23 cf. J. U. Powell, *Collectanea Alexandrina* 64 sqq.

---

2 ⟨τὸ⟩ add. p　　3 κίνδυνος Man.: κίνδυνοι P　　4 τοῦτο Man.:
τούτου P　　7 τὰ δὲ Rob.: τὸ δὲ P　　8 ἐκεῖνο Man.: ἐκείνου P
17 ἀρετάς Petra: αἰτίας P　　18 μηδενὸς censor Jenensis: μὴ δι' ἑνὸς
P　　19-20 Ἀπολλών⟨ιος ἐν τοῖς⟩ Spengel: Ἀπολλώνιος τοῖς p, apogr.
20-21 κἂν . . . εὐτυχέστατος del. Toup　　21 ἆρ' οὖν] ἆρ' οὐχ Pearce
24 κἀκείνης] ἕνεκ' ἐκείνης Jannarakis: num ⟨ὑπ'⟩ ἐκείνης?　　lacunam
post παρασύροντος statuit Vahlen ⟨τῷ ῥοθίῳ τῆς φορᾶς⟩ vel sim. inter-
cidisse suspicatus

ἆρα δὴ μείζων ποιητής; τί δέ; ἐν μέλεσι μᾶλλον ἂν εἶναι Βακχυ-
λίδης ἕλοιο ἢ Πίνδαρος, καὶ ἐν τραγῳδίᾳ Ἴων ὁ Χῖος ἢ νὴ Δία
Σοφοκλῆς; ἐπειδὴ οἱ μὲν ἀδιάπτωτοι καὶ ἐν τῷ γλαφυρῷ πάντη
κεκαλλιγραφημένοι, ὁ δὲ Πίνδαρος καὶ ὁ Σοφοκλῆς ὁτὲ μὲν οἷον
πάντα ἐπιφλέγουσι τῇ φορᾷ, σβέννυνται δ' ἀλόγως πολλάκις καὶ 5
πίπτουσιν ἀτυχέστατα. ἢ οὐδεὶς ἂν εὖ φρονῶν ἑνὸς δράματος, τοῦ
Οἰδίποδος, εἰς ταὐτὸ συνθεὶς τὰ Ἴωνος ⟨ἅπαντ'⟩ ἀντιτιμήσαιτο ἑξῆς.

34 Εἰ δ' ἀριθμῷ, μὴ τῷ ἀληθεῖ κρίνοιτο τὰ κατορθώματα, οὕτως
ἂν καὶ Ὑπερείδης τῷ παντὶ προέχοι Δημοσθένους. ἔστι γὰρ αὐτοῦ
πολυφωνότερος καὶ πλείους ἀρετὰς ἔχων, καὶ σχεδὸν ὕπακρος ἐν 10
πᾶσιν ὡς ὁ πένταθλος, ὥστε τῶν μὲν πρωτείων ἐν ἅπασι τῶν
2 ἄλλων ἀγωνιστῶν λείπεσθαι, πρωτεύειν δὲ τῶν ἰδιωτῶν. ὁ μέν
γε Ὑπερείδης πρὸς τῷ πάντα, ἔξω γε τῆς συνθέσεως, μιμεῖσθαι
τὰ Δημοσθένεια κατορθώματα καὶ τὰς Λυσιακὰς ἐκ περιττοῦ
περιείληφεν ἀρετάς τε καὶ χάριτας. καὶ γὰρ λαλεῖ μετὰ ἀφελείας 15
ἔνθα χρή, καὶ οὐ πάντα ἑξῆς [καὶ] μονοτόνως ὡς ὁ Δημοσθένης
λέγει· τό τε ἠθικὸν ἔχει μετὰ γλυκύτητος [ἡδύ,] λιτῶς ἐφηδυνό-
μενον· ἄφατοί τε περὶ αὐτόν εἰσιν ἀστεϊσμοί, μυκτὴρ πολιτικώ-
τατος, εὐγένεια, τὸ κατὰ τὰς εἰρωνείας εὐπάλαιστρον, σκώμματα
οὐκ ἄμουσα οὐδ' ἀνάγωγα, κατὰ τοὺς Ἀττικοὺς ἐκείνους ἅλας 20
ἐπικείμενα, διασυρμός τε ἐπιδέξιος καὶ πολὺ τὸ κωμικὸν ⟨ἔχων⟩
καὶ μετὰ παιδιᾶς εὐστόχου κέντρον, ἀμίμητον δὲ εἰπεῖν τὸ ἐν πᾶσι
τούτοις ἐπαφρόδιτον· οἰκτίσασθαί τε προσφυέστατος, ἔτι δὲ
μυθολογῆσαι κεχυμένως καὶ ἐν ὑγρῷ πνεύματι διεξοδεῦσαι [ἔτι]
εὐκαμπὴς ἄκρως, ὥσπερ ἀμέλει τὰ μὲν περὶ τὴν Λητὼ ποιητικώ- 25
τερα, τὸν δ' Ἐπιτάφιον ἐπιδεικτικῶς, ὡς οὐκ οἶδ' εἴ τις ἄλλος,

25 Hyper. frr. 67–75 Kenyon   26 Ἐπιτάφιον] Hyper. Orat. 6

6 ἢ Radermacher : ἢ P   7 ⟨ἅπαντ'⟩ add. Toup   8 τῷ ἀληθεῖ] τῷ
μεγέθει Pearce   15 λαλευματα P : corr. Pearce   16 [καὶ] om. apogr.
17 λέγει Man. : λέγεται P   [ἡδύ] del. Weiske : νὴ Δία Richards   20 ἅλας
Tucker : ἀλλὰ P : ἀλλὰ ⟨χάριν⟩ Richards   21 ἐπικείμενα] ἐπικεκριμένα
Wilamowitz   κωμικὸν ⟨ἔχων⟩ Selb   22 ⟨ὡς⟩ εἰπεῖν apogr.   24
κεχυμένως Blass : κεχυμένος P   [ἔτι] seclusi : τι Bücheler : ante
ἔτι interpunxit Richards   25 ἄκρως Man. : ἄκρος P   ποιητικώτερα]
ποιητικώτατα Wilamowitz

διέθετο. ὁ δὲ Δημοσθένης ἀνηθοποίητος, ἀδιάχυτος, ἥκιστα ὑγρὸς 3
ἢ ἐπιδεικτικός, ἁπάντων ἑξῆς τῶν προειρημένων κατὰ τὸ πλέον
ἄμοιρος· ἔνθα μέντοι γελοῖος εἶναι βιάζεται καὶ ἀστεῖος οὐ
γέλωτα κινεῖ ·μᾶλλον ἢ καταγελᾶται, ὅταν δὲ ἐγγίζειν θέλῃ τῷ
5 ἐπίχαρις εἶναι, τότε πλέον ἀφίσταται. τό γέ τοι περὶ Φρύνης ἢ
Ἀθηνογένους λογίδιον ἐπιχειρήσας γράφειν ἔτι μᾶλλον ἂν Ὑπερ-
είδην συνέστησεν. ἀλλ' ἐπειδήπερ, οἶμαι, τὰ μὲν θατέρου καλά, 4
καὶ εἰ πολλὰ ὅμως ἀμεγέθη, "καρδίη νήφοντος ἀργὰ" καὶ τὸν
ἀκροατὴν ἠρεμεῖν ἐῶντα (οὐδεὶς γοῦν Ὑπερείδην ἀναγινώσκων
10 φοβεῖται), ὁ δὲ ἔνθεν ἑλὼν τοῦ μεγαλοφυεστάτου καὶ ἐπ' ἄκρον
ἀρετὰς συντετελεσμένας, ὑψηγορίας τόνον, ἔμψυχα πάθη, περι-
ουσίαν ἀγχίνοιαν τάχος, ἔνθα δὴ κύριον, τὴν ἅπασιν ἀπρόσιτον
δεινότητα καὶ δύναμιν—ἐπειδὴ ταῦτα, φημί, ὡς θεόπεμπτά τινα
δωρήματα (οὐ γὰρ εἰπεῖν θεμιτὸν ἀνθρώπινα) ἀθρόα εἰς ἑαυτὸν
15 ἔσπασε, διὰ τοῦτο οἷς ἔχει καλοῖς ἅπαντας ἀεὶ νικᾷ καὶ ὑπὲρ ὧν
οὐκ ἔχει, καὶ ὡσπερεὶ καταβροντᾷ καὶ καταφέγγει τοὺς ἀπ' αἰῶ-
νος ῥήτορας· καὶ θᾶττον ἄν τις κεραυνοῖς φερομένοις ἀντανοῖξαι
τὰ ὄμματα δύναιτο ἢ ἀντοφθαλμῆσαι τοῖς ἐπαλλήλοις ἐκείνου
πάθεσιν. ἐπὶ μέντοι τοῦ Πλάτωνος καὶ ἄλλη τίς ἐστιν, ὡς ἔφην, 35
20 διαφορά· οὐ γὰρ μεγέθει τῶν ἀρετῶν, ἀλλὰ καὶ τῷ πλήθει πολὺ
λειπόμενος ὁ Λυσίας ὅμως πλεῖον ἔτι τοῖς ἁμαρτήμασι περιττεύει
ἢ ταῖς ἀρεταῖς λείπεται.

Τί ποτ' οὖν εἶδον οἱ ἰσόθεοι ἐκεῖνοι καὶ τῶν μεγίστων ἐπορεξά- 2
μενοι τῆς συγγραφῆς, τῆς δ' ἐν ἅπασιν ἀκριβείας ὑπερφρονήσαντες;
25 πρὸς πολλοῖς ἄλλοις ἐκεῖνο, ὅτι ἡ φύσις οὐ ταπεινὸν ἡμᾶς ζῷον
οὐδ' ἀγεννὲς †ἐ . . κρινε τὸν ἄνθρωπον, ἀλλ' ὡς εἰς μεγάλην τινὰ

---

5 Hyper. frr. 171–80 Kenyon　　6 κατὰ Ἀθηνογένους, Hyper. Orat. 3 (5)

3 μέντοι] μὲν Finckh　　5 ἐπίχαρις Portus: ἐπιχάρης P　　Φρύνης
Schurzfleisch: Φρυγίης P　　11 ἀρετῆς συντετελεσμένης Wilamowitz
12 κύριον P: καίριον Richards　　εἶθ' ὃ δὴ κύριον Rohde　　τὴν ⟨ἐν⟩ Roth-
stein　　13 τινα Man.: δεινὰ P: secl. Jahn　　15 ὑπὲρ] ἄτερ Gemoll
16 καταφέγγῃ P: corr. Man.　　21 ὁ Λυσίας Man.: ἀπουσίας P　　ὅμως
Toup: ὁ μὲν P: ὅθεν Schurzfleisch　　26†ἐ . . κρινε] ἔκρινε apogr.:
ἔκτισε Seager: ἐξέκρινε Selb　　τὸν ἄνθρωπον secl. Wilamowitz

πανήγυριν εἰς τὸν βίον καὶ εἰς τὸν σύμπαντα κόσμον ἐπάγουσα,
θεατάς τινας τῶν ἄθλων αὐτῆς ἐσομένους καὶ φιλοτιμοτάτους
ἀγωνιστάς, εὐθὺς ἄμαχον ἔρωτα ἐνέφυσεν ἡμῶν ταῖς ψυχαῖς
3 παντὸς ἀεὶ τοῦ μεγάλου καὶ ὡς πρὸς ἡμᾶς δαιμονιωτέρου. διόπερ
τῇ θεωρίας καὶ διανοίας τῆς ἀνθρωπίνης ἐπιβολῇ οὐδ' ὁ σύμπας 5
κόσμος ἀρκεῖ, ἀλλὰ καὶ τοὺς τοῦ περιέχοντος πολλάκις ὅρους
ἐκβαίνουσιν αἱ ἐπίνοιαι, καὶ εἴ τις περιβλέψαιτο ἐν κύκλῳ τὸν
βίον, ὅσῳ πλέον ἔχει τὸ περιττὸν ἐν πᾶσι καὶ μέγα καὶ καλόν,
4 ταχέως εἴσεται πρὸς ἃ γεγόναμεν. ἔνθεν φυσικῶς πως ἀγόμενοι
μὰ Δί' οὐ τὰ μικρὰ ῥεῖθρα θαυμάζομεν, εἰ καὶ διαυγῆ καὶ χρή- 10
σιμα, ἀλλὰ τὸν Νεῖλον καὶ Ἴστρον ἢ Ῥῆνον, πολὺ δ' ἔτι μᾶλλον
τὸν Ὠκεανόν· οὐδέ γε τὸ ὑφ' ἡμῶν τουτὶ φλογίον ἀνακαιόμενον,
ἐπεὶ καθαρὸν σῴζει τὸ φέγγος, ἐκπληττόμεθα τῶν οὐρανίων
μᾶλλον, καίτοι πολλάκις ἐπισκοτουμένων, οὐδὲ τῶν τῆς Αἴτνης
κρατήρων ἀξιοθαυμαστότερον νομίζομεν, ἧς αἱ ἀναχοαὶ πέτρους 15
τε ἐκ βυθοῦ καὶ ὅλους ὄχθους ἀναφέρουσι καὶ ποταμοὺς ἐνίοτε τοῦ
5 γηγενοῦς ἐκείνου καὶ αὐτομάτου προχέουσι πυρός. ἀλλ' ἐπὶ τῶν
τοιούτων ἁπάντων ἐκεῖν' ἂν εἴποιμεν, ὡς εὐπόριστον μὲν ἀνθρώ-
ποις τὸ χρειῶδες ἢ καὶ ἀναγκαῖον, θαυμαστὸν δ' ὅμως ἀεὶ τὸ
παράδοξον.   20

36 Οὐκοῦν ἐπί γε τῶν ἐν λόγοις μεγαλοφυῶν, ἐφ' ὧν οὐκέτ' ἔξω
τῆς χρείας καὶ ὠφελείας πίπτει τὸ μέγεθος, προσήκει συνθεωρεῖν
αὐτόθεν, ὅτι τοῦ ἀναμαρτήτου πολὺ ἀφεστῶτες οἱ τηλικοῦτοι
ὅμως παντὸς εἰσὶν ἐπάνω τοῦ θνητοῦ· καὶ τὰ μὲν ἄλλα τοὺς
χρωμένους ἀνθρώπους ἐλέγχει, τὸ δ' ὕψος ἐγγὺς αἴρει μεγαλο- 25
φροσύνης θεοῦ· καὶ τὸ μὲν ἄπταιστον οὐ ψέγεται, τὸ μέγα δὲ καὶ
2 θαυμάζεται. τί χρὴ πρὸς τούτοις ἔτι λέγειν, ὡς ἐκείνων τῶν
ἀνδρῶν ἕκαστος ἅπαντα τὰ σφάλματα ἑνὶ ἐξωνεῖται πολλάκις
ὕψει καὶ κατορθώματι, καὶ τὸ κυριώτατον, ὡς, εἴ τις ἐκλέξας τὰ
Ὁμήρου, τὰ Δημοσθένους, τὰ Πλάτωνος, τῶν ἄλλων ὅσοι δὴ 30

2 τῶν ἄθλων Reiske : τῶν ὅλων P   5 τῇ θεωρίᾳ καὶ διανοίᾳ τῆς
ἀνθρωπίνης ἐπιβολῆς P : corr. Ruhnken   10 εἰ Faber : ἢ P
17 γηγενοῦς Markland : γένους P   αὐτομάτου Haupt : αὐτοῦ μόνου P
24 παντὸς Pearce : πάντες P   29 εἴ γε P : corr. Man.   30 ⟨τὰ⟩
τῶν ἄλλων Lebègue

μέγιστοι παραπτώματα πάντα ὁμόσε συναθροίσειεν, ἐλάχιστον ἄν
τι, μᾶλλον δ' οὐδὲ πολλοστημόριον ἂν εὑρεθείη τῶν ἐκείνοις τοῖς
ἥρωσι πάντη κατορθουμένων; διὰ ταῦθ' ὁ πᾶς αὐτοῖς αἰὼν καὶ
βίος, οὐ δυνάμενος ὑπὸ τοῦ φθόνου παρανοίας ἁλῶναι, φέρων
5 ἀπέδωκε τὰ νικητήρια, καὶ ἄχρι νῦν ἀναφαίρετα φυλάττει, καὶ
ἔοικε τηρήσειν

ἔστ' ἂν ὕδωρ τε ῥέῃ καὶ δένδρεα μακρὰ τεθήλῃ.

πρὸς μέντοι γε τὸν γράφοντα ὡς ὁ Κολοσσὸς ὁ ἡμαρτημένος οὐ 3
κρείττων ἢ ὁ Πολυκλείτου Δορυφόρος παράκειται πρὸς πολλοῖς
10 εἰπεῖν ὅτι ἐπὶ μὲν τέχνης θαυμάζεται τὸ ἀκριβέστατον, ἐπὶ δὲ τῶν
φυσικῶν ἔργων τὸ μέγεθος, φύσει δὲ λογικὸν ὁ ἄνθρωπος· κἀπὶ
μὲν ἀνδριάντων ζητεῖται τὸ ὅμοιον ἀνθρώπῳ, ἐπὶ δὲ τοῦ λόγου
τὸ ὑπεραῖρον, ὡς ἔφην, τὰ ἀνθρώπινα. προσήκει δ' ὅμως (ἀνα- 4
κάμπτει γὰρ ἐπὶ τὴν ἀρχὴν ἡμῖν τοῦ ὑπομνήματος ἡ παραίνεσις),
15 ἐπειδὴ τὸ μὲν ἀδιάπτωτον ὡς ἐπὶ τὸ πολὺ τέχνης ἐστὶ κατόρθωμα,
τὸ δ' ἐν ὑπεροχῇ, πλὴν οὐχ ὁμότονον, μεγαλοφυΐας, βοήθημα τῇ
φύσει πάντη πορίζεσθαι τὴν τέχνην· ἡ γὰρ ἀλληλουχία τούτων
ἴσως γένοιτ' ἂν τὸ τέλειον.

Τοσαῦτα ἦν ἀναγκαῖον ὑπὲρ τῶν προτεθέντων ἐπικρῖναι σκεμ-
20 μάτων· χαιρέτω δ' ἕκαστος οἷς ἥδεται.

Ταῖς δὲ μεταφοραῖς γειτνιῶσιν (ἐπανιτέον γὰρ) αἱ παραβολαὶ 37
καὶ εἰκόνες, ἐκείνη μόνον παραλλάττουσαι . . .

.   .   .   .

. . . στοι καὶ αἱ τοιαῦται· "εἰ μὴ τὸν ἐγκέφαλον ἐν ταῖς πτέρναις 38
καταπεπατημένον φορεῖτε." διόπερ εἰδέναι χρὴ τὸ μέχρι ποῦ
25 παροριστέον ἕκαστον· τὸ γὰρ ἐνίοτε περαιτέρω προεκπίπτειν
ἀναιρεῖ τὴν ὑπερβολὴν καὶ τὰ τοιαῦτα ὑπερτεινόμενα χαλᾶται,

7 cf. Pl. Phaedr. 264D, Anth. Pal. 7. 153, Diog. Laert. 1. 6. 89   23 sq.
[Dem.] 7. 45: cf. Plu. de def. or. 425B

7 ὄφρ' ἂν . . . νάῃ Pl., Anth. Pal.   17 πάντη Tollius : παντὶ P
22 desunt duo folia in P   23 ⟨καταγέλα⟩στοι Dobree   εἴπερ ὑμεῖς
τὸν ἐγκέφαλον ἐν τοῖς κροτάφοις καὶ μὴ κ.τ.λ. codd. Dem.   24 μέχρι ποῦ]
an μέχρι πόσου?   25 παροριστέον suspectum : προοιστέον Seager :
an προσοιστέον?

2 ἔσθ' ὅτε δὲ καὶ εἰς ὑπεναντιώσεις ἀντιπερίσταται. ὁ γοῦν
Ἰσοκράτης οὐκ οἶδ' ὅπως παιδὸς πρᾶγμα ἔπαθε διὰ τὴν τοῦ
πάντα αὐξητικῶς ἐθέλειν λέγειν φιλοτιμίαν. ἔστι μὲν γὰρ ὑπό-
θεσις αὐτῷ τοῦ Πανηγυρικοῦ λόγου ὡς ἡ Ἀθηναίων πόλις ταῖς
εἰς τοὺς Ἕλληνας εὐεργεσίαις ὑπερβάλλει τὴν Λακεδαιμονίων, ὁ 5
δ' εὐθὺς ἐν τῇ εἰσβολῇ ταῦτα τίθησιν· "ἔπειθ' οἱ λόγοι τοσαύτην
ἔχουσι δύναμιν, ὥσθ' οἷόν τ' εἶναι καὶ τὰ μεγάλα ταπεινὰ ποιῆσαι
καὶ τοῖς μικροῖς περιθεῖναι μέγεθος, καὶ τὰ παλαιὰ καινῶς εἰπεῖν
καὶ περὶ τῶν νεωστὶ γεγενημένων ἀρχαίως διελθεῖν." οὐκοῦν,
φησί τις, Ἰσόκρατες, οὕτως μέλλεις καὶ τὰ περὶ Λακεδαιμονίων 10
καὶ Ἀθηναίων ἐναλλάττειν; σχεδὸν γὰρ τὸ τῶν λόγων ἐγκώμιον
ἀπιστίας τῆς καθ' αὑτοῦ τοῖς ἀκούουσι παράγγελμα καὶ προοίμιον
3 ἐξέθηκε. μήποτ' οὖν ἄρισται τῶν ὑπερβολῶν, ὡς καὶ ἐπὶ τῶν
σχημάτων προείπομεν, αἱ αὐτὸ τοῦτο διαλανθάνουσαι ὅτι εἰσὶν
ὑπερβολαί. γίνεται δὲ τὸ τοιόνδε ἐπειδὰν ὑπὸ ἐκπαθείας μεγέθει 15
τινὶ συνεκφωνῶνται περιστάσεως, ὅπερ ὁ Θουκυδίδης ἐπὶ τῶν
ἐν Σικελίᾳ φθειρομένων ποιεῖ. "οἵ τε γὰρ Συρακούσιοι" φησίν
"ἐπικαταβάντες τοὺς ἐν τῷ ποταμῷ μάλιστα ἔσφαζον, καὶ τὸ
ὕδωρ εὐθὺς διέφθαρτο· ἀλλ' οὐδὲν ἧσσον ἐπίνετο ὁμοῦ τῷ πηλῷ
ᾑματωμένον καὶ τοῖς πολλοῖς ἔτι ἦν περιμάχητον." αἷμα καὶ 20
πηλὸν πινόμενα ὅμως εἶναι περιμάχητα ἔτι ποιεῖ πιστὸν ἡ τοῦ
4 πάθους ὑπεροχὴ καὶ περίστασις. καὶ τὸ Ἡροδότειον ἐπὶ τῶν ἐν
Θερμοπύλαις ὅμοιον. "ἐν τούτῳ" φησίν "ἀλεξομένους μαχαί-
ρῃσιν, ὅσοις αὐτῶν ἔτι ἐτύγχανον περιοῦσαι, καὶ χερσὶ καὶ
στόμασι κατέχωσαν οἱ βάρβαροι ⟨βάλλοντες⟩." ἐνταῦθ' οἷόν ἐστι 25

6 sqq. Isocr. Paneg. 8: ἐπειδὴ δ' οἱ λόγοι τοιαύτην ἔχουσι τὴν φύσιν
ὥσθ' οἷόν τ' εἶναι περὶ τῶν αὐτῶν πολλαχῶς ἐξηγήσασθαι καὶ τά τε μεγάλα
ταπεινὰ ποιῆσαι καὶ τοῖς μικροῖς μέγεθος περιθεῖναι, καὶ τά τε παλαιὰ καινῶς
διελθεῖν καὶ περὶ τῶν νεωστὶ γεγενημένων ἀρχαίως εἰπεῖν   17 sqq.
Thuc. 7. 84   23 sqq. Herod. 7. 225

5 Λακεδαιμονίαν P : corr. Rob.   10 φήσει Tollius   12 ⟨πλείσ⟩της
Lebègue   16 ⟨πρὸς τῆς⟩ περιστάσεως Photiades   17 οἵ τε
Πελοποννήσιοι ἐπικαταβάντες codd. Thuc.   Συρακούσιοι] rectius
Συρακόσιοι, cf. Meisterhans Gramm. Att. Inschr., p. 21   20 καὶ
περιμάχητον ἦν τοῖς πολλοῖς codd. Thuc.   25 κατέχωσαν Man. ex
Her. : κατίσχυσαν P   ⟨βάλλοντες⟩ add. Man. ex Her.

τὸ καὶ στόμασι μάχεσθαι πρὸς ὡπλισμένους καὶ ὁποῖόν τι τὸ
κατακεχῶσθαι βέλεσιν ἐρεῖς, πλὴν ὅμως ἔχει πίστιν· οὐ γὰρ τὸ
πρᾶγμα ἕνεκα τῆς ὑπερβολῆς παραλαμβάνεσθαι δοκεῖ, ἡ ὑπερ-
βολὴ δ' εὐλόγως γεννᾶσθαι πρὸς τοῦ πράγματος. ἔστι γάρ, ὡς 5
5 οὐ διαλείπω λέγων, παντὸς τολμήματος λεκτικοῦ λύσις καὶ
πανάκειά τις τὰ ἐγγὺς ἐκστάσεως ἔργα καὶ πάθη· ὅθεν καὶ τὰ
κωμικά, καίτοιγ' εἰς ἀπιστίαν ἐκπίπτοντα, πιθανὰ διὰ τὸ γελοῖον·

ἀγρὸν ἔσχ' ἐλάττω γῆν ἔχοντ' ἐπιστολῆς ⟨Λακωνικῆς⟩.

καὶ γὰρ ὁ γέλως πάθος ἐν ἡδονῇ. αἱ δ' ὑπερβολαὶ καθάπερ ἐπὶ τὸ 6
10 μεῖζον οὕτως καὶ ἐπὶ τοὔλαττον, ἐπειδὴ κοινὸν ἀμφοῖν ἡ ἐπίτασις·
καί πως ὁ διασυρμὸς ταπεινότητός ἐστιν αὔξησις.

Ἡ πέμπτη μοῖρα τῶν συντελουσῶν εἰς τὸ ὕψος, ὧν γε ἐν 39
ἀρχῇ προυθέμεθα, ἔθ' ἡμῖν λείπεται, κράτιστε, ἣν τῶν λόγων
αὕτη ποιὰ σύνθεσις. ὑπὲρ ἧς ἐν δυσὶν ἀποχρώντως ἀποδεδωκότες
15 συντάγμασιν, ὅσα γε τῆς θεωρίας ἦν ἡμῖν ἐφικτά, τοσοῦτον ἐξ
ἀνάγκης προσθείημεν ἂν εἰς τὴν παροῦσαν ὑπόθεσιν, ὡς οὐ μόνον
ἐστὶ πειθοῦς καὶ ἡδονῆς ἡ ἁρμονία φυσικὸν ἀνθρώποις, ἀλλὰ καὶ
μεγαληγορίας καὶ πάθους θαυμαστόν τι ὄργανον. οὐ γὰρ αὐλὸς 2
μὲν ἐντίθησί τινα πάθη τοῖς ἀκρωμένοις καὶ οἷον ἔκφρονας καὶ
20 κορυβαντιασμοῦ πλήρεις ἀποτελεῖ, καὶ βάσιν ἐνδούς τινα ῥυθμοῦ
πρὸς ταύτην ἀναγκάζει βαίνειν ἐν ῥυθμῷ καὶ συνεξομοιοῦσθαι τῷ
μέλει τὸν ἀκροατήν, "κἂν ἄμουσος ᾖ" παντάπασι, καὶ νὴ Δία
φθόγγοι κιθάρας, οὐδὲν ἁπλῶς σημαίνοντες, ταῖς τῶν ἤχων
μεταβολαῖς καὶ τῇ πρὸς ἀλλήλους κράσει καὶ μίξει τῆς συμφωνίας
25 θαυμαστὸν ἐπάγουσι πολλάκις, ὡς ἐπίστασαι, θέλγητρον | (καίτοι 3

8 fr. com. adesp. 417–19 Kock   22 Eur. *Stheneboea* fr. 663 Nauck²

2 ὅμως Schurzfleisch: ὁμοίως P   4 εὐλόγως Rob.: εὐλόγους P
6 ἐκστάσεως Portus: ἐξετάσεως P   8 ἔχοντ' ἐπιστολῆς ⟨Λακωνικῆς⟩
Valckenaer: ἔχον γὰρ στολῆς P   13 ἣν δὲ scripsi: ἡ διὰ P: διὰ del.
Pearce   14 αὕτη P: αὐτὴ Spengel   18 μεγαληγορίας Tollius:
μετ' ἐλευθερίας P   οὐ] ὅπου Wenkebach: εἰ Photiades   19 ἐντίθησί
Faber: ἐπι- P   20 ῥυθμοῦ del. Valckenaer   21 ἀναγκάσει P:
corr. Man.   22 ἄμουσος ᾖ Boivin: ἄλλους ὅση P   24 κράσει K
marg.: κρούσει P   25 ἐπίστασαι Faber: ἐπίστασιν P

ταῦτα εἴδωλα καὶ μιμήματα νόθα ἐστὶ πειθοῦς, οὐχὶ τῆς ἀνθρω-
πείας φύσεως, ὡς ἔφην, ἐνεργήματα γνήσια), οὐκ οἰόμεθα δ' ἄρα
τὴν σύνθεσιν, ἁρμονίαν τινὰ οὖσαν λόγων ἀνθρώποις ἐμφύτων καὶ
τῆς ψυχῆς αὐτῆς, οὐχὶ τῆς ἀκοῆς μόνης ἐφαπτομένων, ποικίλας
κινοῦσαν ἰδέας ὀνομάτων νοήσεων πραγμάτων κάλλους εὐμελείας, 5
πάντων ἡμῖν ἐντρόφων καὶ συγγενῶν, καὶ ἅμα τῇ μίξει καὶ
πολυμορφίᾳ τῶν ἑαυτῆς φθόγγων τὸ παρεστὼς τῷ λέγοντι πάθος
εἰς τὰς ψυχὰς τῶν πέλας παρεισάγουσαν καὶ εἰς μετουσίαν αὐτοῦ
τοὺς ἀκούοντας ἀεὶ καθιστᾶσαν, τῇ τε τῶν λέξεων ἐποικοδομήσει
τὰ μεγέθη συναρμόζουσαν, δι' αὐτῶν τούτων κηλεῖν τε ὁμοῦ καὶ 10
πρὸς ὄγκον τε καὶ ἀξίωμα καὶ ὕψος καὶ πᾶν ὃ ἐν αὐτῇ περιλαμβά-
νει καὶ ἡμᾶς ἑκάστοτε συνδιατιθέναι, παντοίως ἡμῶν τῆς διανοίας
ἐπικρατοῦσαν; ἀλλ' εἰ καὶ μανία τὸ περὶ τῶν οὕτως ὁμολογου-
4 μένων διαπορεῖν, ἀποχρῶσα γὰρ ἡ πεῖρα πίστις, | ὑψηλόν γέ που
δοκεῖ νόημα καὶ ἔστι τῷ ὄντι θαυμάσιον, ὃ τῷ ψηφίσματι ὁ 15
Δημοσθένης ἐπιφέρει· "τοῦτο τὸ ψήφισμα τὸν τότε τῇ πόλει
περιστάντα κίνδυνον παρελθεῖν ἐποίησεν ὥσπερ νέφος·" ἀλλ'
αὐτῆς τῆς διανοίας οὐκ ἔλαττον τῇ ἁρμονίᾳ πεφώνηται. ὅλον τε
γὰρ ἐπὶ τῶν δακτυλικῶν εἴρηται ῥυθμῶν, εὐγενέστατοι δ' οὗτοι
καὶ μεγεθοποιοί· διὸ καὶ τὸ ἡρῷον ὧν ἴσμεν κάλλιστον μέτρον 20
συνιστᾶσι· τό τε ✳ ✳ ✳ ἐπείτοιγε ἐκ τῆς ἰδίας αὐτὸ χώρας μετά-
θες ὅποι δὴ ἐθέλεις, "τοῦτο τὸ ψήφισμα ὥσπερ νέφος ἐποίησε
τὸν τότε κίνδυνον παρελθεῖν," ἢ νὴ Δία μίαν ἀπόκοψον συλλαβὴν
μόνον "ἐποίησε παρελθεῖν ὡς νέφος," καὶ εἴσῃ πόσον ἡ ἁρμονία
τῷ ὕψει συνηχεῖ. αὐτὸ γὰρ τὸ "ὥσπερ νέφος" ἐπὶ μακροῦ τοῦ 25
πρώτου ῥυθμοῦ βέβηκε, τέτρασι καταμετρουμένου χρόνοις· ἐξαι-
ρεθείσης δὲ τῆς μιᾶς συλλαβῆς "ὡς νέφος" εὐθὺς ἀκρωτηριάζει

16 Dem. 18. 188

1 ταῦτα τὰ P: corr. Morus   3 ἐμφύτων Man.: ἐμφύτως P: ἔμφυτον
Bake   4 ἐφαπτομένων P: ἐφαπτομένην Faber   10 κηλεῖν Rob.:
καλεῖν P   11 αὐτῇ Tollius: αὐτῆ P   14–15 που δοκεῖ Reiske:
τοῦ δοκεῖν P   18 πεφώνηται] πεφώτισται Rohde   21 post τό τε
lacunam ind. Pearce   23 τότε Man. ex Dem.: τότ' ἐν P   26
καταμετρουμένου Tollius: καταμετρούμενον P   27 ἀκρωτηριάζει P:
ἀκρωτηριάζεται Tollius: ἀκρωτηριάζεις Lebègue

τῇ συγκοπῇ τὸ μέγεθος· ὡς ἔμπαλιν, ἐὰν ἐπεκτείνῃς "παρελθεῖν
ἐποίησεν ὥσπερ⟨εἰ⟩ νέφος," τὸ αὐτὸ σημαίνει, οὐ τὸ αὐτὸ δὲ ἔτι
προσπίπτει, ὅτι τῷ μήκει τῶν ἄκρων χρόνων συνεκλύεται καὶ
διαχαλᾶται τὸ ὕψος τὸ ἀπότομον.

5　Ἐν δὲ τοῖς μάλιστα μεγεθοπιεῖ τὰ λεγόμενα, καθάπερ τὰ **40**
σώματα ἡ τῶν μελῶν ἐπισύνθεσις, ὧν ἓν μὲν οὐδὲν τμηθὲν ἀφ'
ἑτέρου καθ' ἑαυτὸ ἀξιόλογον ἔχει, πάντα δὲ μετ' ἀλλήλων ἐκ-
πληροῖ τέλειον σύστημα, οὕτως τὰ μεγάλα σκεδασθέντα μὲν ἀπ'
ἀλλήλων ἄλλοσ' ἄλλῃ ἅμα ἑαυτοῖς συνδιαφορεῖ καὶ τὸ ὕψος,
10 σωματοποιούμενα δὲ τῇ κοινωνίᾳ καὶ ἔτι δεσμῷ τῆς ἁρμονίας
περικλειόμενα αὐτῷ τῷ κύκλῳ φωνήεντα γίνεται· καὶ σχεδὸν ἐν
ταῖς περιόδοις ἔρανός ἐστι πλήθους τὰ μεγέθη. ἀλλὰ μὴν ὅτι γε 2
πολλοὶ καὶ συγγραφέων καὶ ποιητῶν οὐκ ὄντες ὑψηλοὶ φύσει,
μήποτε δὲ καὶ ἀμεγέθεις, ὅμως κοινοῖς καὶ δημώδεσι τοῖς ὀνόμασι
15 καὶ οὐδὲν ἐπαγομένοις περιττὸν ὡς τὰ πολλὰ συγχρώμενοι, διὰ
μόνου τοῦ συνθεῖναι καὶ ἁρμόσαι ταῦτα †δ' ὅμως† ὄγκον καὶ
διάστημα καὶ τὸ μὴ ταπεινοὶ δοκεῖν εἶναι περιεβάλοντο, καθάπερ
ἄλλοι τε πολλοὶ καὶ Φίλιστος, Ἀριστοφάνης ἔν τισιν, ἐν τοῖς
πλείστοις Εὐριπίδης, ἱκανῶς ἡμῖν δεδήλωται. μετά γέ τοι τὴν 3
20 τεκνοκτονίαν Ἡρακλῆς φησι

γέμω κακῶν δὴ κοὐκέτ' ἔσθ' ὅποι τεθῇ.

σφόδρα δημῶδες τὸ λεγόμενον, ἀλλὰ γέγονεν ὑψηλὸν τῇ πλάσει
ἀναλογοῦν· εἰ δ' ἄλλως αὐτὸ συναρμόσεις, φανήσεταί σοι διότι τῆς
συνθέσεως ποιητὴς ὁ Εὐριπίδης μᾶλλόν ἐστιν ἢ τοῦ νοῦ. ἐπὶ δὲ 4
25 τῆς συρομένης ὑπὸ τοῦ ταύρου Δίρκης,

21 Eur. HF 1245

---

2 ὥσπερ⟨εἰ⟩ Tollius: ὥσπερ P　　　4 τὸ ὕψος] τοῦ ὕψους Toup
9 ἄλλοσ' ἄλλῃ Vahlen: ἄλλοσ' P, suprascr. ἄλλη p　　　12 γε Tollius:
τε P　　　14 ὅμως] fortasse ὅλως (cum ἀμεγέθεις coniungendum), si
ὅμως (16) vera est lectio　　　16 ταῦτα †δ' ὅμως†] ταῦτα ὅμως Rob.:
num ταῦτά γ' ὅμως?: ταῦτα δολίως Immisch　　　22–23 τῇ πλάσει ἀναλο-
γοῦν] τῇ ἀνάλογον πλάσει Kayser　　　24 ἐπὶ Man.: ἐπεὶ P

εἰ δέ που τύχοι

πέριξ ἑλίξας . . . εἶλχ' ὁμοῦ λαβών,

γυναῖκα πέτραν δρῦν μεταλλάσσων ἀεί,

ἔστι μὲν γενναῖον καὶ τὸ λῆμμα, ἁδρότερον δὲ γέγονε τῷ τὴν
ἁρμονίαν μὴ κατεσπεῦσθαι μηδ' οἷον ἐν ἀποκυλίσματι φέρεσθαι, 5
ἀλλὰ στηριγμούς τε ἔχειν πρὸς ἄλληλα τὰ ὀνόματα καὶ ἐξερεί-
σματα τῶν χρόνων πρὸς ἑδραῖον διαβεβηκότα μέγεθος.

41 Μικροποιὸν δ' οὐδὲν οὕτως ἐν τοῖς ὑψηλοῖς ὡς ῥυθμὸς κεκλα-
σμένος λόγων καὶ σεσοβημένος, οἷον δὴ πυρρίχιοι καὶ τροχαῖοι καὶ
διχόρειοι, τέλεον εἰς ὀρχηστικὸν συνεκπίπτοντες· εὐθὺς γὰρ πάντα 10
φαίνεται τὰ κατάρρυθμα κομψὰ καὶ μικροχαρῆ, [καὶ] ἀπαθέστατα
2 διὰ τῆς ὁμοειδείας ἐπιπολάζοντα· καὶ ἔτι τούτων τὸ χείριστον, ὅτι,
ὥσπερ τὰ ᾠδάρια τοὺς ἀκροατὰς ἀπὸ τοῦ πράγματος ἀφέλκει
καὶ ἐφ' αὑτὰ βιάζεται, οὕτως καὶ τὰ κατερρυθμισμένα τῶν
λεγομένων οὐ τὸ τοῦ λόγου πάθος ἐνδίδωσι τοῖς ἀκούουσι, τὸ δὲ 15
τοῦ ῥυθμοῦ, ὡς ἐνίοτε προειδότας τὰς ὀφειλομένας καταλήξεις
αὐτοὺς ὑποκρούειν τοῖς λέγουσι καὶ φθάνοντας ὡς ἐν χορῷ τινι
προαποδιδόναι τὴν βάσιν.

3 Ὁμοίως δὲ ἀμεγέθη καὶ τὰ λίαν συγκείμενα καὶ εἰς μικρὰ
καὶ βραχυσύλλαβα συγκεκομμένα καὶ ὡσανεὶ γόμφοις τισὶν ἐπ- 20
αλλήλοις κατ' ἐγκοπὰς καὶ σκληρότητας ἐπισυνδεδεμένα.

42 Ἔτι γε μὴν ὕψους μειωτικὸν καὶ ἡ ἄγαν τῆς φράσεως συγκοπή·
πηροῖ γὰρ τὸ μέγεθος ὅταν εἰς λίαν συνάγηται βραχύ· ἀκουέσθω
δὲ νῦν μὴ τὰ [οὐ] δεόντως συνεστραμμένα, ἀλλ' ὅσα ἄντικρυς
μικρὰ καὶ κατακεκερματισμένα· συγκοπὴ μὲν γὰρ κολούει τὸν 25

1 sqq. Eur. *Antiope*, fr. 221 Nauck²

---

2 ⟨ταῦρος⟩ εἶλχ' Valckenaer: εἶλκε ⟨πάνθ'⟩ Bergk   4 λῆμμα Rob.:
λῆμα P   5 οἷον μὲν P: corr. Toup   8 μικροποιὸν Photiades:
μικροποιοῦν P   9 λόγω P: corr. Faber   11 κατάρυθμα P: corr.
Schurzfleisch   [καὶ] seclusi   12 ὁμοειδείας P   ὅτι Man.: ὅπως P
19 συγκείμενα Kayser   23 πηροῖ Man.: πληροῖ P   24 [οὐ] del. Man.
25 κολούει Faber: κωλύει P

νοῦν, συντομία δ' †ἐπ' εὐθύ†. δῆλον δ' ὡς ἔμπαλιν τὰ ἐκτάδην·
ἀπόψυχα τὰ παρὰ καιρὸν μῆκος ἀνακαλούμενα.

Δεινὴ δ' αἰσχῦναι τὰ μεγέθη καὶ ἡ μικρότης τῶν ὀνομάτων. **43**
παρὰ γοῦν τῷ Ἡροδότῳ κατὰ μὲν τὰ λήμματα δαιμονίως ὁ
5 χειμὼν πέφρασται, τινὰ δὲ νὴ Δία περιέχει τῆς ὕλης ἀδοξότερα,
καὶ τοῦτο μὲν ἴσως "ζεσάσης δὲ τῆς θαλάσσης," ὡς τὸ "ζεσάσης"
πολὺ τὸ ὕψος περισπᾷ διὰ τὸ κακόστομον· ἀλλ' "ὁ ἄνεμος"
φησίν "ἐκοπίασε", καὶ τοὺς περὶ τὸ ναυάγιον βρασσομένους
ἐξεδέχετο "τέλος ἀχάριστον". ἄσεμνον γὰρ τὸ κοπιάσαι ⟨καὶ⟩
10 ἰδιωτικόν, τὸ δ' ἀχάριστον τηλικούτου πάθους ἀνοίκειον. ὁμοίως 2
καὶ ὁ Θεόπομπος ὑπερφυῶς σκευάσας τὴν τοῦ Πέρσου κατάβασιν
ἐπ' Αἴγυπτον ὀνοματίοις τισὶ τὰ ὅλα διέβαλε. "ποία γὰρ πόλις ἢ
ποῖον ἔθνος τῶν κατὰ τὴν Ἀσίαν οὐκ ἐπρεσβεύετο πρὸς βασιλέα;
τί δὲ τῶν ἐκ τῆς γῆς γεννωμένων ἢ τῶν κατὰ τέχνην ἐπιτελου-
15 μένων καλῶν ἢ τιμίων οὐκ ἐκομίσθη δῶρον ὡς αὐτόν; οὐ πολλαὶ
μὲν καὶ πολυτελεῖς στρωμναὶ καὶ χλανίδες (τὰ μὲν ἁλουργῆ, τὰ
δὲ ποικιλτά, τὰ δὲ λευκά), πολλαὶ δὲ σκηναὶ χρυσαῖ κατεσκευ-
ασμέναι πᾶσι τοῖς χρησίμοις, πολλαὶ δὲ καὶ ξυστίδες καὶ κλῖναι
πολυτελεῖς; ἔτι δὲ καὶ κοῖλος ἄργυρος καὶ χρυσὸς ἀπειργασμένος
20 καὶ ἐκπώματα καὶ κρατῆρες, ὧν τοὺς μὲν λιθοκολλήτους, τοὺς δ'
ἄλλους ἀκριβῶς καὶ πολυτελῶς εἶδες ἂν ἐκπεπονημένους. πρὸς δὲ
τούτοις ἀναρίθμητοι μὲν ὅπλων μυριάδες τῶν μὲν Ἑλληνικῶν,
τῶν δὲ βαρβαρικῶν, ὑπερβάλλοντα δὲ τὸ πλῆθος ὑποζύγια καὶ
πρὸς κατακοπὴν ἱερεῖα σιτευτά, καὶ πολλοὶ μὲν ἀρτυμάτων

---

4 sqq. Herod. 7. 188, 191   9 Herod. 8. 13   12–p. 52, 5 Theopomp.
F 263 *FGrHist* 115: cf. Athen. 2, p. 67F

---

1 †ἐπ' εὐθύ†] ἐπ' εὐθὺ ⟨ἄγει⟩ Stephanus : ἐπευθύνει Petra   1–2 locus
valde dubius. post ἐκτάδην ego, post ἀπόψυχα interpungunt plerique. sed
fortasse praestat τὰ ante ἐκτάδην delere   2 παρὰ καιρὸν Ellis: γὰρ
ἄκαιρον P   ἀνακαλούμενα] ἀναχαλώμενα Toup: an ἀνακυκλούμενα?   5
γῄδια P: corr. Man.   7 τὸ ὕψος] τοῦ ὕψους Reiske   8–9 ἐκοπίασε
. . . κοπιάσαι] ἐκόπασε . . . κοπάσαι codd. Herod.   βρασσομένους Man.:
δρασσομένους P: ἀρασσομένους Valckenaer   9 ἀχάριστον Rob.:
ἀχαριστί P: ἄχαρι codd. Herod.   ⟨καὶ⟩ add. Man.   15 τιμίων
Man.: τιμῶν P   24 σιτευτά Canter: εἰς ταῦτα P

μέδιμνοι, πολλοὶ δὲ [οἳ] θύλακοι καὶ σάκκοι καὶ χύτραι βιβλίων
καὶ τῶν ἄλλων ἁπάντων χρησίμων· τοσαῦτα δὲ κρέα τεταριχευ-
μένα παντοδαπῶν ἱερείων ὡς σωροὺς αὐτῶν γενέσθαι τηλικούτους
ὥστε τοὺς προσιόντας πόρρωθεν ὑπολαμβάνειν ὄχθους εἶναι καὶ
3 λόφους ἀντωθουμένους.'' ἐκ τῶν ὑψηλοτέρων εἰς τὰ ταπεινότερα 5
ἀποδιδράσκει, δέον ποιήσασθαι τὴν αὔξησιν ἔμπαλιν· ἀλλὰ τῇ
θαυμαστῇ τῆς ὅλης παρασκευῆς ἀγγελίᾳ παραμίξας τοὺς θυλά-
κους καὶ τὰ ἀρτύματα καὶ τὰ σακκία μαγειρείου τινὰ φαντασίαν
ἐποίησεν. ὥσπερ γάρ, εἴ τις ἐπ' αὐτῶν ἐκείνων τῶν προσκοσμη-
μάτων μεταξὺ τῶν χρυσίων καὶ λιθοκολλήτων κρατήρων καὶ 10
ἀργύρου κοίλου σκηνῶν τε ὁλοχρύσων καὶ ἐκπωμάτων φέρων
μέσα ἔθηκε θυλάκια καὶ σακκία, ἀπρεπὲς ἂν ἦν τῇ προσόψει τὸ
ἔργον, οὕτω καὶ τῆς ἑρμηνείας τὰ τοιαῦτα ὀνόματα αἴσχη καὶ
4 οἱονεὶ στίγματα καθίσταται παρὰ καιρὸν ἐγκατατατόμενα. παρ-
έκειτο δ' ὡς ὁλοσχερῶς ἐπελθεῖν καὶ οὓς ὄχθους λέγει συμβε- 15
βλῆσθαι, καὶ περὶ τῆς ἄλλης παρασκευῆς οὕτως ἀλλάξας εἰπεῖν
καμήλους καὶ πλῆθος ὑποζυγίων φορταγωγούντων πάντα τὰ πρὸς
τρυφὴν καὶ ἀπόλαυσιν τραπεζῶν χορηγήματα, ἢ σωροὺς ὀνομάσαι
παντοίων σπερμάτων καὶ τῶν ἅπερ διαφέρει πρὸς ὀψοποιίας καὶ
ἡδυπαθείας, ἢ εἴπερ πάντως ἐβούλετο †αὐτάρκη οὕτως θεῖναι, 20
5 καὶ ὅσα τραπεζοκόμων εἰπεῖν καὶ ὀψοποιῶν ἡδύσματα. οὐ γὰρ
δεῖ καταντᾶν ἐν τοῖς ὕψεσιν εἰς τὰ ῥυπαρὰ καὶ ἐξυβρισμένα, ἂν
μὴ σφόδρα ὑπό τινος ἀνάγκης συνδιωκώμεθα, ἀλλὰ τῶν πρα-
γμάτων πρέποι ἂν καὶ τὰς φωνὰς ἔχειν ἀξίας καὶ μιμεῖσθαι τὴν
δημιουργήσασαν φύσιν τὸν ἄνθρωπον, ἥτις ἐν ἡμῖν τὰ μέρη τὰ 25
ἀπόρρητα οὐκ ἔθηκεν ἐν προσώπῳ οὐδὲ τὰ τοῦ παντὸς ὄγκου
περιηθήματα, ἀπεκρύψατο δὲ ὡς ἐνῆν καὶ κατὰ τὸν Ξενοφῶντα

---

27 Xen. Mem. I. 4. 6

1 [οἱ] om. Athen.   καὶ χύτραι Toup : καὶ χάρται P : om. Athen.   βιβλίων
P, Athen. : βολβῶν Toup   2 τοσαῦτα Rob. : τοιαῦτα P   9 ἐποίησεν]
ἐνεποίησεν Rothstein   15 οὓς] ὡς Spengel   16 ἀλλάξας] ἁμάξας
Toup   17 ⟨καὶ⟩ καμήλους Toup   19 ἅπερ] ὅσαπερ Richards
20 †αὐτάρκη οὕτως] αὐτὰ ῥητῶς (sive ῥητῶς οὕτως) Richards   27
περιηθήματα Pearce : περιθήματα P

τοὺς τούτων ὅτι πορρωτάτω ὀχετοὺς ἀπέστρεψεν, οὐδαμῇ καται-
σχύνασα τὸ τοῦ ὅλου ζῴου κάλλος.

Ἀλλὰ γὰρ οὐκ ἐπ᾽ εἴδους ἐπείγει τὰ μικροποιὰ διαριθμεῖν· 6
προϋποδεδειγμένων γὰρ τῶν ὅσα εὐγενεῖς καὶ ὑψηλοὺς ἐργάζεται
5 τοὺς λόγους, δῆλον ὡς τὰ ἐναντία τούτων ταπεινοὺς ποιήσει κατὰ
τὸ πλεῖστον καὶ ἀσχήμονας.

Ἐκεῖνο μέντοι λοιπὸν ἕνεκα τῆς σῆς χρηστομαθείας οὐκ **44**
ὀκνήσομεν †ἐπιπροσθῆναι, διασαφῆσαι, Τερεντιανὲ φίλτατε, ὅ-
περ ἐζήτησέ τις τῶν φιλοσόφων πρὸς ⟨ἔμ᾽⟩ ἔναγχος, "θαῦμά μ᾽
10 ἔχει" λέγων "ὡς ἀμέλει καὶ ἑτέρους πολλούς, πῶς ποτε κατὰ τὸν
ἡμέτερον αἰῶνα πιθαναὶ μὲν ἐπ᾽ ἄκρον καὶ πολιτικαί, δριμεῖαί
τε καὶ ἐντρεχεῖς καὶ μάλιστα πρὸς ἡδονὰς λόγων εὔφοροι, ὑψηλαὶ
δὲ λίαν καὶ ὑπερμεγέθεις, πλὴν εἰ μή τι σπάνιον, οὐκέτι γίνονται
φύσεις. τοσαύτη λόγων κοσμική τις ἐπέχει τὸν βίον ἀφορία. ἢ 2
15 νὴ Δί᾽" ἔφη "πιστευτέον ἐκείνῳ τῷ θρυλουμένῳ, ὡς ἡ δημο-
κρατία τῶν μεγάλων ἀγαθὴ τιθηνός, ᾗ μόνῃ σχεδὸν καὶ συν-
ήκμασαν οἱ περὶ λόγους δεινοὶ καὶ συναπέθανον; θρέψαι τε γάρ,
φησίν, ἱκανὴ τὰ φρονήματα τῶν μεγαλοφρόνων ἡ ἐλευθερία καὶ
ἐπελπίσαι, καὶ ἅμα διεγείρειν τὸ πρόθυμον τῆς πρὸς ἀλλήλους
20 ἔριδος καὶ τῆς περὶ τὰ πρωτεῖα φιλοτιμίας. ἔτι γε μὴν διὰ τὰ 3
προκείμενα ἐν ταῖς πολιτείαις ἔπαθλα ἑκάστοτε τὰ ψυχικὰ προ-
τερήματα τῶν ῥητόρων μελετώμενα ἀκονᾶται καὶ οἷον ἐκτρίβεται
καὶ τοῖς πράγμασι κατὰ τὸ εἰκὸς ἐλεύθερα συνεκλάμπει. οἱ δὲ νῦν
ἐοίκαμεν" ἔφη "παιδομαθεῖς εἶναι δουλείας δικαίας, τοῖς αὐτοῖς
25 ἔθεσι καὶ ἐπιτηδεύμασιν ἐξ ἁπαλῶν ἔτι φρονημάτων μόνον οὐκ
ἐνεσπαργανωμένοι καὶ ἄγευστοι καλλίστου καὶ γονιμωτάτου
λόγων νάματος, τὴν ἐλευθερίαν" ἔφη "λέγω· διόπερ οὐδὲν ὅτι
μὴ κόλακες ἐκβαίνομεν μεγαλοφυεῖς." διὰ τοῦτο τὰς μὲν ἄλλας 4

1 τούτων Man.: τῶν P　　3 ἐπ᾽ εἴδους Tollius: ἐπιδοὺς P: cf. 13. 3
8 †ἐπιπροσθῆναι] ἐπιπροσθεῖναι Man., quo accepto praestat vel ⟨καὶ⟩
διασαφῆσαι (Rob., Man.) vel διασαφῆσαί τε (Wilamowitz) scribere. num
vero ἐκ προσθήκης?　　9 πρὸς ⟨ἔμ᾽⟩ ἔναγχος Cobet: προσέναγχος P:
προὔναγχος Valckenaer　　13 δὲ Man.: τε P　　18 φησίν P: φασίν
Toup　　19 διεγείρειν Morus: διελθεῖν P: διαίθειν Richards
24 αὐτοῖς P: αὐτῆς p, edd.

ἕξεις καὶ εἰς οἰκέτας πίπτειν ἔφασκε, δοῦλον δὲ μηδένα γίνεσθαι
ῥήτορα. "εὐθὺς γὰρ ἀναζεῖ τὸ ἀπαρρησίαστον καὶ οἷον ἔμφρουρον
5 ὑπὸ συνηθείας ἀεὶ κεκονδυλισμένον· "ἥμισυ γάρ τ᾽ ἀρετῆς",
κατὰ τὸν Ὅμηρον, "ἀποαίνυται δούλιον ἦμαρ." ὥσπερ οὖν, εἴ
γε" φησί "τοῦτο πιστόν ἐστιν ἀκούω, τὰ γλωττόκομα, ἐν οἷς οἱ 5
Πυγμαῖοι καλούμενοι δὲ νᾶνοι τρέφονται, οὐ μόνον κωλύει τῶν
ἐγκεκλεισμένων τὰς αὐξήσεις, ἀλλὰ καὶ †συνάροι διὰ τὸν περι-
κείμενον τοῖς σώμασι δεσμόν, οὕτως ἅπασαν δουλείαν, κἂν ᾖ
δικαιοτάτη, ψυχῆς γλωττόκομον καὶ κοινὸν ἄν τις ἀποφήναιτο
6 δεσμωτήριον." ἐγὼ μέντοι γε ὑπολαβών, "ῥάδιον" ἔφην "ὦ 10
βέλτιστε, καὶ ἴδιον ἀνθρώπου τὸ καταμέμφεσθαι τὰ ἀεὶ παρόντα·
ὅρα δὲ μήποτε οὐχ ἡ τῆς οἰκουμένης εἰρήνη διαφθείρει τὰς
μεγάλας φύσεις, πολὺ δὲ μᾶλλον ὁ κατέχων ἡμῶν τὰς ἐπιθυμίας
ἀπεριόριστος οὑτοσὶ πόλεμος, καὶ νὴ Δία πρὸς τούτῳ τὰ φρου-
ροῦντα τὸν νῦν βίον καὶ κατ᾽ ἄκρας ἄγοντα καὶ φέροντα ταυτὶ 15
πάθη. ἡ γὰρ φιλοχρηματία, πρὸς ἣν ἅπαντες ἀπλήστως ἤδη
νοσοῦμεν, καὶ ἡ φιληδονία δουλαγωγοῦσι, μᾶλλον δέ, ὡς ἂν
εἴποι τις, καταβυθίζουσιν αὐτάνδρους ἤδη τοὺς βίους, φιλαργυρία
7 μὲν νόσημα μικροποιὸν ⟨ὄν⟩, φιληδονία δ᾽ ἀγεννέστατον. οὐ δὴ
ἔχω λογιζόμενος εὑρεῖν ὡς οἷόν τε πλοῦτον ἀόριστον ἐκτιμή- 20
σαντας, τὸ δ᾽ ἀληθέστερον εἰπεῖν ἐκθειάσαντας, τὰ συμφυῆ τούτῳ
κακὰ εἰς τὰς ψυχὰς ἡμῶν ἐπεισιόντα μὴ παραδέχεσθαι. ἀκο-
λουθεῖ γὰρ τῷ ἀμέτρῳ πλούτῳ καὶ ἀκολάστῳ συνημμένη καὶ
ἴσα, φασί, βαίνουσα πολυτέλεια, καὶ ἅμα ἀνοίγοντος ἐκείνου τῶν

3–4 Hom. ρ 322–3:

ἥμισυ γάρ τ᾽ ἀρετῆς ἀποαίνυται εὐρύοπα Ζεύς
ἀνέρος, εὖτ᾽ ἄν μιν κατὰ δούλιον ἦμαρ ἕλησιν

---

2 ἀναζεῖ] ἀναζεῖν Weiske : num ἀναζῇ?   5 ἐστιν del. Pearce   ἀκούω
Pearce : ἀκούω P   6 δὲ om. Man.   νᾶνοι Man. : νάοι P : γίννοι Immisch
7 †συνάροι] συναρθμοῖ Kaibel : σιναροῖ Meinel : συναραιοῖ Schmid
8 σώμασι Scaliger : στόμασι P   9 ἂν Spengel : δὴ P   ἀποφήναιτο
p : ἀποφήνετο P   10 ὑπολαβών Bühler : ὑπολαμβάνω P : ὑπολαμβάνων
Tollius   ἔφην Portus : ἔφη P   12 μήποτε οὐχ ἡ Spengel : μή πο****χ
η*** P (τῆς add. p)   16 πρὸς]περὶ Wilamowitz   19 μικροποιὸν
⟨ὄν⟩ vel φιλαργυρία μὲν ⟨γὰρ⟩ Spengel   24 ἅμα Pearce ἄλλα P

πόλεων καὶ οἴκων τὰς εἰσόδους †εἰς ἅς† ἐμβαίνει καὶ συνοικίζεται.

χρονίσαντα δὲ ταῦτα ἐν τοῖς βίοις νεοττοποιεῖται, κατὰ τοὺς
σοφούς, καὶ ταχέως γενόμενα περὶ τεκνοποιίαν πλεονεξίαν τε γεν-
νῶσι καὶ τῦφον καὶ τρυφήν, οὐ νόθα ἑαυτῶν γεννήματα ἀλλὰ καὶ
5 πάνυ γνήσια. ἐὰν δὲ καὶ τούτους τις τοῦ πλούτου τοὺς ἐκγόνους
εἰς ἡλικίαν ἐλθεῖν ἐάσῃ, ταχέως δεσπότας ταῖς ψυχαῖς ἐντίκτουσιν
ἀπαραιτήτους, ὕβριν καὶ παρανομίαν καὶ ἀναισχυντίαν. ταῦτα 8
γὰρ οὕτως ἀνάγκη γίνεσθαι καὶ μηκέτι τοὺς ἀνθρώπους ἀνα-
βλέπειν μηδ᾽ ὑστεροφημίας εἶναί τινα λόγον, ἀλλὰ τοιούτων ἐν
10 κύκλῳ τελεσιουργεῖσθαι κατ᾽ ὀλίγον τὴν τῶν βίων διαφθοράν,
φθίνειν δὲ καὶ καταμαραίνεσθαι τὰ ψυχικὰ μεγέθη καὶ ἄζηλα
γίνεσθαι, ἡνίκα τὰ θνητὰ ἑαυτῶν μέρη [καπανητα] ἐκθαυμάζοιεν,
παρέντες αὔξειν τἀθάνατα. οὐ γὰρ ἐπὶ κρίσει μέν τις δεκασθεὶς 9
οὐκ ἂν ἔτι τῶν δικαίων καὶ καλῶν ἐλεύθερος καὶ ὑγιὴς ἂν κριτὴς
15 γένοιτο (ἀνάγκη γὰρ τῷ δωροδόκῳ τὰ οἰκεῖα μὲν φαίνεσθαι
καλὰ καὶ δίκαια ⟨τὰ δ᾽ ἀλλότρια ἄδικα καὶ κακὰ⟩), ὅπου δὲ ἡμῶν
ἑκάστου τοὺς ὅλους ἤδη βίους δεκασμοὶ βραβεύουσι καὶ ἀλλοτρίων
θῆραι θανάτων καὶ ἐνέδραι διαθηκῶν, τὸ δ᾽ ἐκ τοῦ παντὸς κερ-
δαίνειν ὠνούμεθα τῆς ψυχῆς ἕκαστος πρὸς τῆς ⟨φιλοχρηματίας⟩
20 ἠνδραποδισμένοι, ἆρα δὴ ἐν τῇ τοσαύτῃ λοιμικῇ τοῦ βίου δια-
φθορᾷ δοκοῦμεν ἔτι ἐλεύθερόν τινα κριτὴν τῶν μεγάλων ἢ διηκόν-
των πρὸς τὸν αἰῶνα κἀδέκαστον ἀπολελεῖφθαι καὶ μὴ καταρχαι-
ρεσιάζεσθαι πρὸς τῆς τοῦ πλεονεκτεῖν ἐπιθυμίας; ἀλλὰ μήποτε 10
τοιούτοις οἷοί πέρ ἐσμεν ἡμεῖς ἄμεινον ἄρχεσθαι ἢ ἐλευθέροις
25 εἶναι· ἐπείτοιγε ἀφεθεῖσαι τὸ σύνολον, ὡς ἐξ εἰρκτῆς ἄφετοι,

3 cf. Pl. *Rep.* 9. 573E

---

1 †εἰς ἅς† ἐμβαίνει] ἴσα συνεμβαίνει Kaibel : εἰς αὐτὰς ἐμβαίνει Weiske :
εὐθὺς ἐμβαίνει Mathews   3 πλεονεξίαν τε Ruhnken : ἀνάλεξον εν αντι P
5 τούτους Tollius : τούτου P   8 ἀναβλέπειν] ἄνω βλέπειν Cobet : ⟨πρὸς
ἄλλ᾽⟩ ἀναβλέπειν Wilamowitz   9 ὑστεροφημίας Ruhnken : ἑτέρα φήμης P :
πέρα φήμης Man.   12 [καπανητα] del. Vahlen : κἀνόητα Man. : κἀνόητα
Toup : κἀπ᾽ ἄκρον Wenkebach   13 τἀθάνατα apogr. : τἀσάνατα P
δεκασθεὶς Man. : δικασθεὶς P   14 ἔτι Morus : ἐπὶ P   16 ⟨τὰ δ᾽ ... κακὰ⟩
ex. gr. supplevi : lac. ind. Spengel   19 ⟨φιλοχρηματίας⟩ post Tollium
(αὐτοῦ φιλοχρηματίας) supplevi   21 μεγάλων ἢ bis P : corr. Rob.   22
αἰῶνα Portus : ἀγῶνα P   κἀδέκαστον apogr.: καθέκαστον P   μὴ Man.: μοι P

κατὰ τῶν πλησίον αἱ πλεονεξίαι κἂν ἐπικλύσειαν τοῖς κακοῖς τὴν
11 οἰκουμένην. ὅλως δὲ δάπανον ἔφην εἶναι τῶν νῦν γεννωμένων
φύσεων τὴν ῥᾳθυμίαν, ᾗ πλὴν ὀλίγων πάντες ἐγκαταβιοῦμεν, οὐκ
ἄλλως πονοῦντες ἢ ἀναλαμβάνοντες εἰ μὴ ἐπαίνου καὶ ἡδονῆς
ἕνεκα, ἀλλὰ μὴ τῆς ζήλου καὶ τιμῆς ἀξίας ποτὲ ὠφελείας. 5
12 "κράτιστον εἰκῇ ταῦτ' ἐᾶν", ἐπὶ δὲ τὰ συνεχῆ χωρεῖν. ἦν δὲ
ταῦτα τὰ πάθη, περὶ ὧν ἐν ἰδίῳ προηγουμένως ὑπεσχόμεθα
γράψειν ὑπομνήματι, †ὃ τήν τε τοῦ ἄλλου λόγου καὶ αὐτοῦ τοῦ
ὕψους μοῖραν ἐπεχόντων, ὡς ἡμῖν ⟨εἴρηται, κρατίστην⟩ . . . .

6 Eur. *El.* 379: cf. Nauck², p. 437

1 ἐπικλύσειαν Markland : ἐπικαύσειαν P   2 δάπανον Tollius :
δαπανῶν P : δαπάνην Rothstein : διὰ παντὸς Spengel   3 ᾗ Man. : οἱ P
6 κράτιστον ⟨δ'⟩ Man., fortasse recte   7–9 ἐν ἰδίῳ . . . ἡμῖν add. p,
del. Philippson   8 †ὃ] om. apogr.   9 ⟨εἴρηται, κρατίστην⟩
ex. gr. supplevi

I. INDEX LOCORVM LAVDATORVM

Indicantur numeris capita et sectiones

II. INDEX NOMINVM

Distinguuntur asterisco (*) quae in locis laudatis occurrunt, cruce (+) quae saepius in eodem invenies contextu

Indicantur numeris capita et sectiones

III. INDEX VERBORVM POTIORVM

Quae in locis laudatis inveniuntur omisimus. Nullis vel perpaucis exemplis illustrantur quae maxime communia videntur, velut articuli pronomina numeralia, καί γάρ μέν δέ δή γε οὖν ὡς ὅτι, similia quaedam; in aliis quoque, ubi 'e.g.' adscripsimus, dilectum exemplorum fecimus.

Indicantur numeris paginae et lineae